잠 못들 정도로 재미있는 이야기

노화 느긋하게 늙는 법

나가오카 이사오 총감수 / 노무라 요시히로 감수 / 김선숙 옮김

BM (주)도서출판 성안당

머리말

「노화」를 『잠 못들 정도로 재미있는 이야기』 시리즈로 세상에 내놓게 되었습니다.

나이에 따른 신체의 변화를 보통 '노화 현상(老化現象)' 혹은 '가령 현상(加齡現象)'이라고 하는데요. 여러분은 '노화 현상'과 '가령 현상'이 같은 뜻이라고 생각하나요, 아니면 다른 뜻이라고 생각하나요? '노화'와 '가령'을 영어로는 에이징(Aging)이라고 합니다. 둘 다 같은 뜻으로 쓰는 거죠. 그런데 사실 노화와 가령의 뜻은 조금 다릅니다.

'가령 현상'이란 시간 경과에 따른 신체적 변화를 가리킵니다. 반면 '노화 현상'이란 나이가 들어 생체 구조와 기능이 쇠퇴하는 현상을 가리킵니다. 어린아이는 몸의 기능이 쇠퇴하지는 않지만, 가령 현상은 조금씩 일어납니다. 노화 현상은 볼 수 없으나 가령 현상은 일어나는 거죠.

이 책의 주제는 노화이므로 나이가 들면서 변해가는 중고령층의 신체 변화를 중심으로 썼는데요. 각 항목은 사람들이 궁금해할 만한 노화에 대한 질문에, 노화 전문가가 과학적 근거에 기초해 답변해 주는 형식으로 구성했습니다.

책 내용은 제1장과 제2장으로 나뉘어 있는데요. 제1장에서는 노화를 과학적으로 살펴보기 위해 주로 노화가 일어나는 생물학적 메커니즘을 다뤘습니다. 제2장에서는 노화가 되면 어떤 증상이 나타나고, 어떤 질병에 걸리기 쉬운지 알 수 있게 노화에 따른 구체적인 변화와 증상을 다뤘습니다.

저는 60대 후반의 남성이지만, 이 책에 나와있는 노화에 따른 변화의 대부분에 해당하기에 남의 일 같지 않다는 마음으로 읽었습니다. 또한 남성뿐만 아니라 여성의 노화에 대해서도 다루었기 때문에 이성의 신체 변화를 이해하는 데도 도움이 됩니다. 책 중간중간에 들어있는 칼럼도 매우 흥미롭습니다. 이 책이 현재 중고령층은 물론, 앞으로 노화를 맞이하는 분들에게도 '잠 못들 정도로 재미있고 흥미로운' 책이 될 것이라고 확신합니다.

바야흐로 인생 100세 시대가 도래했습니다. 이 책이 노화에 따른 질병을 예방하여 건강하고 행복한 무병장수 시대를 열어가는 데 도움이 되었으면 좋겠습니다.

마지막으로 원고를 집필해 주신 저자분들과 이 책의 기획 · 편집을 담당해 주신 요네다 마사키님, 일러스트와 북디자인을 담당해주신 무로이 아키히로님, 일본문예사 서적 담당자인 사카 마사시님께 깊은 감사를 드립니다.

2022년 11월

총감수 **나가오카 이사오**

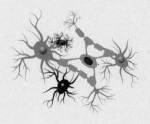

칼럼

8

제1장

노화는 왜
일어나는 걸까?

01 우리는 대체 왜 노화하는 걸까?

사람이 늙는 이유

예전에는 사람이 왜 늙어가는지 그 이유에 대해 별로 생각하지 않았습니다. 150여 년 전인 **19세기까지만 해도 사람은 대체로 50세 정도에 죽었기** 때문입니다.

50세라면 지금은 한창 일할 만한 나이라고 생각하지만, 당시는 생명을 위협하는 폐렴과 결핵이 기승을 부려 사람들 대부분이 50대에 감염병으로 죽었습니다. 게다가 50세가 넘으면 누구나 '노화'가 두드러졌기 때문에 젊은 사람들은 이 문제를 그다지 의식하지 않았습니다.

20세기에 들어서자 의료(특효약 발견)**, 위생, 영양 같은 생활환경이 비약적으로 향상되어 인간의 수명이 차츰 늘어났습니다.** 아시다시피, 지금은 **남녀 모두 평균수명이 80세를 넘었습니다.**

그렇게 되자 노화가 삶의 문제로 떠올랐습니다. 동시에 노화를 학문적으로도 연구하기 시작했습니다. **생물**(인간)**이 왜 노화하는지 생각**하게 된 것입니다. 여러 학자의 의견을 종합해보면 '죽음에 이르기 쉽게 만드는 과정'이 노화라고 합니다.

실제로 **나이와 사망률을 비교해보면, 50세가 넘을 무렵부터 서서히 사망률이 높아지고, 80세가 넘으면 급상승합니다**(그림 A·그림 B). 다시 말해 **나이가 들수록 죽기 쉬워지는 것**입니다.

그럼 왜 **나이가 들수록 죽기 쉬워질까요?** 그 의문에 관해서는 다음 항목부터 차례대로 설명해나가겠습니다.

'죽음'에 대해 생각하다 보면, '**왜 생물**(인간)**은 죽는가?**'라는 물음도 생깁니다. 정확한 이유는 어느 누구도 모를 것입니다. 다만 **생물이 진화하는 과정에서 획득한 특성**이라고 볼 수 있지 않을까요?

지구상에는 우리가 생활하는 온대 지역뿐 아니라 혹한 지역과 공기가 희박한 고지대, 심해 지역에 이르기까지 생물이 생존합니다. 다양한 방식으로 삶과 죽음을 반복하면서 종을 유지하고, 미래를 위해 자손을 남기면서 말입니다. 죽음이 있는 한 노화도 피할 수 없습니다. 이 사실은 모든 생물에서 볼 수 있는 현상입니다.

여보, 사람은 왜 늙어 죽는 걸까? 이상하지 않아?

당신도 참, 누구나 죽는 거잖아. 그런 걸 고민해봤자 빨리 늙을 뿐이야.

11

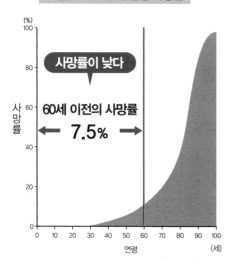

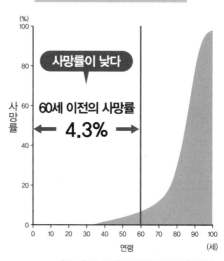

참고: 후생노동성 '2021년 인구동태통계 월보연계'

우리는 대체 왜 노화하는 걸까?

02 신체가 노화한다는 건 대체 어떤 걸까?

늙으면 몸에 일어나는 변화

주름, 기미, 흰머리, 탈모, 노안, 난청, 건망증, 골절, 관절통 등이 생각나나요?

오른쪽 페이지 그림에 고령자의 신체 변화를 정리해보았습니다. 대략 예상했던 대로, 나이가 들면 생물(사람을 포함한 포유류)은 다 똑같은 변화를 겪습니다.

그림에 나타낸 **신체의 변화는 각 조직의 기능 저하와 연결**되어 있습니다. 이 **변화의 연장선에 '죽기 쉬워진다.'를 적용하면** 죽음에 이르기 쉽게 만드는 과정에 **노화가 있다는 것**을 알 수 있습니다.

신체 변화는 다양하게 나타나지만 한 가지 공통적인 특징이 있습니다. 바로 쪼그라든다는 것입니다. 좀 더 구체적으로 말하자면, 피부는 얇아지고 탄력성이 떨어지고 주름이 늘어나는 데다 뼈나 관절연골, 근육도 가늘게 줄어들어 골절되기 쉽기 때문에 걷는 데도 지장이 생깁니다. 신경세포의 수도 줄고 뇌의 크기가 작아지고 건망증이 생기며 균형감이 떨어집니다. 물론 동맥경화로 혈관이 딱딱해지는 등 예외가 있긴 하지만, 대체로 쪼그라든다고 볼 수 있습니다.

늙으면 몸이 왜 쪼그라들까요? 세포와 세포 주위의 중요한 성분이 줄어들기 때문입니다.

세포는 줄기세포가 세포분열을 하므로 늘어나지만, 수명을 다하면 세포도 죽습니다. 매일 3000억 개의 세포가 새로 생기고 3000억 개의 세포가 죽는데, 이렇게 함으로써 균형을 이루기 때문에 언뜻 보면 몸 전체의 세포 수(37조 개)는 변하지 않는 것처럼 보입니다. **혈액 속의 적혈구는 뼈 내강의 골수에서 생성되지만, 그 수명은 120일이고 마지막에는 비장에서 파괴**됩니다.

적혈구 생성과 파괴의 균형이 깨져, 파괴되는 쪽으로 기울면 세포 수가 줄어듭

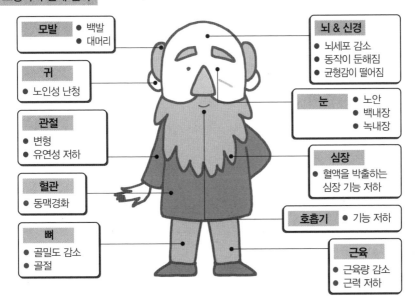

고령자의 신체 변화

모발
- 백발
- 대머리

귀
- 노인성 난청

관절
- 변형
- 유연성 저하

혈관
- 동맥경화

뼈
- 골밀도 감소
- 골절

뇌 & 신경
- 뇌세포 감소
- 동작이 둔해짐
- 균형감이 떨어짐

눈
- 노안
- 백내장
- 녹내장

심장
- 혈액을 박출하는 심장 기능 저하

호흡기
- 기능 저하

근육
- 근육량 감소
- 근력 저하

신체가 노화한다는 건 대체 어떤 걸까?

니다. 몸을 구성하는 270종류의 세포 모두가 이렇다고 할 수 있습니다.

세포 주위의 사이질도 단백질, 당질, 지질로 채워져 있는데, 사이질 성분도 나이가 들면 감소합니다. 세포와 마찬가지로 생성과 파괴의 균형이 깨져 파괴되는 쪽으로 기울면 사이질 성분도 줄어드는 것이죠. 이 같은 일이 동시에 발생하여 세포와 사이질 성분이 감소하면 장기도 쪼그라들고, 몸도 쪼그라드는 구조로 되는 것입니다.

나이가 들면 진짜 몸 여기저기가 약해지잖아. 그중에서도 뇌의 능력이 약해지는데, 이를 뇌력이라 할 수는 없겠지만 이게 쇠약해지면 문제가 생기는 것 같아. 몸이 말을 듣지 않게 되거든. 이게 '노화의 보편성'이라고 할 수 있겠지.

03 뭐가 어떻게 됐을 때 몸이 노화하는 걸까?

노화의 원인

　　노화의 원인을 설명하는 학설은 100가지가 넘지만, 아직 명확하게 밝혀진 것은 없습니다. 노화에 따른 **공통된 두 가지 특징**이 있을 뿐입니다. ①**나쁜 것은 쌓이고(축적) ②좋은 것은 부족하다(결핍)**는 것입니다.

　　나쁜 것이 쌓이는 예로는 DNA에 손상(변이)이 축적되거나 이상한 단백질이 축적되는 것입니다. DNA는 유전자 그 자체로 우리의 삶과 운명을 지배하는 중요한 설계도입니다. **생물은 DNA가 손상(변이)되면 바로 수리(복구)하는 시스템을 겹겹이 갖추고 손상(변이)이 축적되지 않도록 애를 씁니다.** 그 때문에 DNA가 손상될 수 있는 환경(방사선이나 자외선, 담배 등)에 좀 노출되어도 아무 일 없이 지나갑니다.

　　유전자 이상 단백질도 평소에는 설계된 대로 제 기능을 다합니다. 그런데 여러 이유로 유전자 이상 단백질의 형태가 바뀌어(변성), 생성과 파괴의 균형이 깨지게 되면 그대로 **축적됩니다(그림 A)**. 쓰레기 수거 차량의 기능이 떨어져서 쓰레기가 사방에 흩어져버리는 것처럼 말이지요.

　　좋은 것이 부족해지는 원인으로는 줄기세포의 감소, 호르몬이나 보효소의 부족을 예로 들 수 있습니다. 줄기세포는 각 기관에서 작용하는 세포를 만들어내는 세포인데, 그 줄기세포가 감소하면 새롭게 세포를 만들어내는 능력이 떨어져 세포 수가 감소하는 원인이 됩니다.

　　호르몬은 혈액 같은 체액을 통해 체내를 순환하면서 작용하는 성분으로 **생물의 정상적인 상태를 지탱하는 중요한 물질입니다.** 여러 기관에서 생성되고 분비되는 호르몬 중 여성호르몬이나 남성호르몬은 노화가 되면 줄어들게 됩니다(그림 B). 즉 좋은 것이 부족해지는 겁니다.

　　보효소는 세포 속에서 작용하여 다양한 효소를 돕는 물질입니다. 비타민류와 미량 금속류가 보효소에 속하는데, 나이가 들면 보효소인 코엔자임 Q가 줄어든다는 사실이 밝혀졌습니다. 이러한 물질이 부족하면 보충할 수는 있습니다. 지금도 세포 보충이나 호르몬 보충 요법 등이 시도되고는 있으나, 아직도 부족분을 제대로 보충하기는 어려운 개발 단계에 지나지 않습니다. 다만 비타민류나 미량 금속류는 식품으로 섭취할 수 있어 부족분을 보충하기가 비교적 수월합니다.

그림 A 나이가 들면서 생기는 DNA의 변화

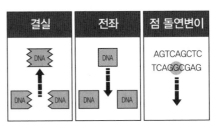

나이가 들면 유전자 복구 메커니즘이 바뀌어 DNA에 변화가 생긴다.

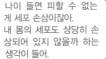

나이 들면 피할 수 없는 게 세포 손상이잖아. 내 몸의 세포도 상당히 손상되어 있지 않을까 하는 생각이 들어.

그림 B 나이가 들면서 생기는 호르몬의 변화

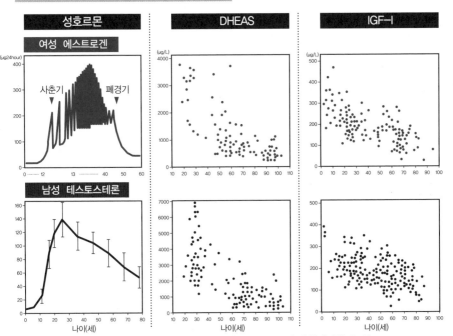

※ DHEAS는 성호르몬 전구체, IGF-1은 성장을 촉진하는 호르몬
참고: Lamberts, S. W., van den Beld, A. W. & van der Lely, A. J.: The endocrinology of aging. Science, 278, 419–424, (1997)에서 인용 개편

04 신체를 구성하는 세포도 노화한다는 게 사실일까?

세포의 노화

신체를 구성하는 세포도 노화한다고 하면 어떤 생각이 드나요? 우리 몸은 270종류의 세포 약 37조 개로 구성되어 있습니다. 세포의 모양과 역할은 각각 다른데요. **가장 많은 세포는 혈액 속의 적혈구**로 전체의 3분의 2를 차지하고 있습니다. 세포 수만 보아도 산소를 온몸으로 운반하는 혈액 속의 적혈구가 얼마나 중요한지 알 수 있을 것입니다.

우리 몸이 세포로 구성되어 있다는 사실은 19세기에 이미 알고 있었습니다. 그렇지만 몸이 늙어도 세포는 노화하지 않는다고 생각했습니다. 그 후 세포를 개체에서 뽑아내서 페트리 접시(샬레)에 담아 배양하는 데 성공했습니다.

처음에는 개체에서 추출한 세포가 무한히 분열하여 계속 증가할 것으로 생각했고, 사람들은 이러한 해석을 오랫동안 지지해왔습니다.

그런데 1961년에 미국의 과학자 레너드 헤이플릭 박사가 새로운 학설을 내놓았습니다. 세포가 분열하는 데는 한계가 있다는 '복제 노화'에 관한 이론이었는데요(그림 A). 이 이론으로 **텔로미어**(염색체의 양쪽 끝단에 있는 부분)라는 유전자 구조의 단축이 노화 과정에 큰 영향을 미친다는 사실을 증명했습니다(그림 B).

뿐만 아니라 **방사선이나 자외선 같은 다양한 스트레스에도 세포가 노화**한다는 세포 노화의 특징도 알아냈습니다. 하지만 사람들은 몸에서 뽑아낸 세포의 특성일 뿐이지, 우리 몸 안의 상황과는 다를 것이라고 생각했습니다. 그 때문에 복제 노화에 관한 이론은 오랫동안 논쟁의 대상이 되었습니다.

그런 가운데서도 과학기술이 발전함에 따라 '**노화 세포는 몸속 곳곳에 존재하고, 나이가 들면 노화된 세포 수가 늘어난다**는 사실이 밝혀졌습니다. 그리고 노화 세포는 나쁜 인자(노화 연관 분비 표현형이라 불리는 SASP)를 분비하고 만성 염증을 일으켜

몸 전체에 악영향을 미친다'는 사실도 명확해졌습니다.

더 중요한 것은 **노화된 세포를 선택적으로 죽이는 방법을 발견**했다는 사실입니다. 노화된 세포를 선택적으로 제거함으로써 **노화를 지연시킬 수 있다는 사실이 동물실험에서 밝혀졌습니다.** 현재는 사람을 통해 그 검증 실험을 진행하고 있어, 노화 세포의 선택적 제거 가능성에 대한 기대가 높습니다.

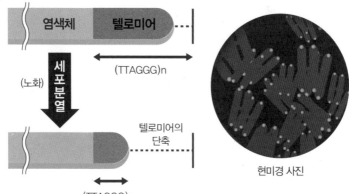

그림 A 세포 노화의 요인과 특징

정상 세포

자외선
방사선
화학물질
텔로미어 단축
암유전자 활성화
세포분열(복제)

노화 세포

DNA 손상 ⇨ 증가
세포분열 ⇨ 정지
세포 크기 ⇨ 대
세포핵 ⇨ 변형
세포사(아포트시스) ⇨ 정지
노화 관련 유전자 ⇨ 증가
SASP 분비 ⇨ 증가

그림 B 텔로미어의 단축

염색체   텔로미어

(TTAGGG)n

(노화)

세포분열

텔로미어의 단축

(TTAGGG)n−α

현미경 사진

신체를 구성하는 세포도 노화한다는 게 사실일까?

참고 : Gorgoulis V, Adams PD, Alimonti A, et al, Cellular Senescence: Defining a Path Forward, Cell, 179, 813–827, (2019).
Chaib S, Tchkonia T, Kirkland JL, Cellular senescence and senolytics: the path to the clinic, Nat Med, 28, 1556–1568, (2022).

세포도 죽는대. 그리고 몸만 늙는 게 아니라 세포도 늙는다는군. 그게 노화의 주된 요인이래.

05 나이 들수록 왜 몸의 움직임이 둔해질까?

나이 들수록 몸의 움직임이 둔해지는 이유

나이가 들면 젊었을 때에 비해 다양한 불편함을 느끼게 됩니다. 노안이나 건망증에 시달릴 수도 있고 귀가 잘 들리지 않을 수도 있습니다. 허리가 아플 수도 있고, 보행속도나 동작이 느려질 수도 있습니다.

이런 증상이 나타나도 '나이 먹었으니까…' 하며 무심히 넘겨버리기 쉽지만, 여기서는 좀 더 자세히 생각해보기로 하겠습니다.

노화는 쪼그라드는 것이고, 나쁜 것은 쌓이고 좋은 것은 부족해지는 것이며, 세포도 노화한다고 앞서 언급했는데요. 몸의 움직임이 둔해지는 이유도 이런 현상으로 설명할 수 있습니다.

세포는 37조 개나 되지만 나이가 들수록 세포 수가 줄고 노화 세포는 늘어납니다. 몸의 움직임을 관장하는 뼈, 근육, 관절연골, 힘줄 같은 운동기관도 예외 없이 세포 수가 줄고, 노화되면 기능이 떨어집니다.

골량이 감소하면 골절이 되기 쉽고, 근육이 작아지면 근력이 떨어지면서 순간적인 동작을 할 수 없게 됩니다. 달릴 수 없게 되는 것이죠. 관절의 연골도 마모되어(닳아) 관절을 움직이기가 불편하고 통증도 생기게 됩니다.

신체의 움직임에는 뇌나 신경도 관여합니다. 대뇌와 소뇌는 우리 몸이 원활하게 움직이도록 협조성을 관장하기 때문입니다. 운동신경과 감각신경도 운동기관과 뇌의 양방향을 연결하는 정보 교환에 매우 중요합니다. 그런데 뇌나 신경도 세포 수가 감소하고 노화가 되면 기능이 나빠집니다. 더구나 **노화된 세포는 SASP**(Senescence Associated Secretory Phenotype : 노화 연관 분비 표현형) **인자를 분비하여 몸 전체에 악영향**(만성 염증)**을 주게 됩니다.**

운동기관이나 신경도 사용하지 않으면 기능이 나빠집니다. 그 때문에 운동 습관이 무너지면 자신의 몸이 제대로 움직이지 않는다는 것을 알고 놀랄 것입니다. 하지만 설령 그런 경험을 했다고 하더라도 운동 습관이나 식습관 등의 생활 습관은 개선할 수 있으므로 지금이라도 만회할 기회는 충분히 있습니다.

최근에는 노화 세포를 제거하고, SASP 인자를 억제하는 식품 성분이 발견되었다고 하니, 그 효과에 대한 기대가 현실로 나타날지도 모릅니다.

나 요즘 좀 우울해. 난 나름대로 빠른 걸음으로 걷는다고 생각하고 있었는데, 내 옆을 젊은 여성이 휙 지나가지 뭐야. 음, 늙었다고 하기엔 아직 이른데 말이야. 노화가 몸의 모든 기능을 떨어뜨리니까 지금 당장 걷기라도 시작해야 할까 봐.

고령자의 걷기 효과

후생노동성 「건강 만들기를 위한 신체활동 기준 2013(개요)」에 따르면 65세 이상인 사람이 매일 40분 몸을 움직이는 것을 원칙으로, 1회 30분 이상·주 2일 이상 걷기를 습관화하면

- 전신 지구력과 근력 유지 향상
- 운동 기능 저하 증후군(Locomotive syndrome) 개선
- 경도인지장애(MCI) 개선

을 기대할 수 있다고 한다. 또 일반적으로는

- 고혈압 개선
- 당뇨병의 개선
- 동맥경화의 개선
- 이상지질혈증 개선
- 심폐 기능 강화
- 간 기능의 개선
- 긴장 완화 효과
- 뼈의 강화
- 비만 해소
- 요통의 개선

효과를 기대할 수 있다고 한다.

팔 흔드는 법
어깨와 팔에 힘을 빼고 팔꿈치를 가볍게 구부려 앞뒤로 리드미컬하게 흔든다. 팔은 옆으로 흔들지 않는다.

복식호흡
배로 숨을 쉬도록 유의하고, 들이쉬기보다 내쉬는 것을 의식하면 폐가 무리 없이 산소를 받아들인다.

걸음걸이
무릎을 펴고 발끝을 똑바로 자연스럽게 내밀며 발뒤꿈치부터 착지한다.

보폭과 걷는 속도
보폭은 조금 크게 잡고, 뒷발 발가락 끝으로 지면을 밟듯 하며 빠르게 15~20분 이상 걷는다.

자세
등과 가슴을 펴고 턱을 가볍게 당긴다. 머리를 흔들지 않고 전방 10m 앞을 본다.

06 노화 속도를 좌우하는 게 뭘까?

노화 속도나 수명을 좌우하는 요인

"노화 속도나 수명은 무엇으로 정해지는 건가요?"라고 묻는 사람들이 있는데요. 저는 **노화 속도나 수명은 유전자가 30~40%, 환경이 60~70%를 좌우한다**고 대답합니다.

유전자가 노화 속도나 수명을 결정한다고 보는 데는 두 가지 이유가 있습니다. 하나는 **다양한 동물 종은 각 유전자가 모두 다르다**는 것입니다. 당연히 수명도 동물에 따라 다릅니다. **몸집이 큰 동물일수록 오래 사는 경향**(그림 A)이 있는데요. **오래 사는 쪽에 속하는 사람은 이 규칙에서는 예외**라고 볼 수 있습니다.

또 하나는 **조로증**(22쪽)의 발견입니다. '하나의 유전자 변이만으로도 노화 속도가 빨라진다. 조로증의 원인이 되는 유전자는 유전자의 손상(변이)을 복구하는 역할을 하는데, 복구 능력이 떨어지면 노화 속도가 빨라진다.'

이 말에는 수긍이 갈 것입니다. 그런데 왜 유전자가 노화나 수명에 30% 정도 영향을 미친다고 보냐고요? 쌍둥이를 관찰한 연구에서 흥미로운 결과가 나왔기 때문입니다. **일란성쌍둥이의 유전자는 형제나 자매가 똑같지만, 이란성쌍둥이는 나이 차이가 나는 형제자매와 같으므로 유전자가 다릅니다.** 쌍둥이가 사망하는 나이를 그래프로 나타내면 일란성쌍둥이와 이란성쌍둥이가 완전히 겹쳐 나옵니다.

유전자가 노화 속도나 수명을 100% 좌우한다고 가정하면, 일란성쌍둥이는 같은 날 죽어야 합니다. 그런데 사망하는 나이가 비슷한 쌍둥이도 있겠지만 실제로는 제각각입니다. 두 그래프의 분산 비율을 어려운 방정식으로 계산하면 남녀 평균 약 25%입니다. 그러므로 유전자가 노화 속도나 수명을 대략 30% 좌우한다고 할 수 있습니다. 이 결과는 **환경요인이 강하게 영향을 미친다는 것**을 보여줍니다. 환경요인이라 하면 분명 사고나 질병, 사는 곳, 흡연이나 음주 같은 생활 습관이 떠오를 것입니다.

환경요인으로는, 칼로리를 제한(과식을 피함)하면 생물의 수명이 늘어난다(노화 속도가 느려진다)는 것을 밝힌(그림 B) 아주 유명한 실증 사례가 있습니다. 붉은머리원숭이로도 검증된 사실이므로 사람에게도 적용할 수 있다고 생각합니다. 다만 노인들은 저영양이 문제가 되므로 과체중인 분들을 대상으로 생각하는 것이 무난할 것입니다.

그밖에 **국내총생산(GDP)도 사람의 수명과 상관관계가 있다**고 볼 수 있습니다. 선진국에서는 평균수명이 길고 개발도상국에서는 평균수명이 짧기 때문입니다. 호모사피엔스로서는 다 같은 사람인데, 거주하는 나라에 따라 평균수명이 달라진다는 사실에는 분명 환경 요인이 작용한다고 생각합니다.

어머!
바지락이
장수 넘버원이네!!

노화 속도를 좌우하는 게 뭘까?

그림 A 각 생명체의 고유 수명

최장수명

- 회색다람쥐/23년
- 말/57년
- 안데스콘도르/79년
- 흰꼬리사슴/23년
- 아프리카 회색 앵무새/49년
- 마모셋/15년
- 북극고래/211년
- 넓적꼬리벌새/14년
- 침팬지/59년
- 바지락/400년
- 생쥐/4년
- 벌거숭이두더지쥐/31년
- 코끼리/65년
- 사람/122년
- 초파리/109일
- 브란트 박쥐/41년
- 코끼리거북/177년

| 0 | 10 | 20 | 30 | 40 | 50 | 60 | 70 | 80 | 90 | 100 | 400 |

참고: Deweerdt S, Comparative biology: Looking for a master switch. Nature, 492, S10–11, (2012).

그림 B 칼로리 제한으로 연장된 수명

■ 보통 음식의 평균수명
■ 칼로리 제한식의 평균수명

- 원생동물: 7일 / 13일 1.9배
- 물벼룩: 30일 / 51일 1.7배
- 접시거미: 50일 / 90일 1.8배
- 거피: 33개월 / 46개월 1.4배
- 쥐: 23개월 / 33개월 1.4배

큰 동물이 오래 산다잖아. 어쨌든 노화는 유전으로 정해진다고는 하지만, 스트레스나 운동 같은 환경에 따라서도 노화 속도가 달라진대. 식사 열량을 제한하면 수명이 늘어난다니까 과식은 피하도록!

조로증이란 무엇이고, 어떻게 케어해야 할까?

by 시미즈 다카히코

'조로증'은 노화의 징후가 실제 나이보다 빨리 발생하는 질병입니다. 유전자 이상으로 발병하는데, 크게 '베르너 증후군'과 '허친슨―길포드 조로증후군'으로 나눌 수 있습니다. 베르너 증후군은 일본인이 전 세계 환자의 약 60%를 차지하는데요. 1904년에 독일 의사 오토 베르너(Otto Werner)가 박사학위 논문에서 이 질환을 처음 밝히면서 베르너 증후군이라는 병명이 붙었습니다.

베르너 증후군에 걸리면 사춘기를 넘긴 20대부터 탈모나 흰머리가 나타나고 백내장 증상도 보입니다. 이후 손발 근육과 피부가 마르고 딱딱해지는 데다 당뇨병이나 이상지질혈증(콜레스테롤이나 중성지방 이상)을 보이기도 하는데, 암이나 심장 질환에 걸려 40대에 사망하는 경우가 많았습니다.

하지만 현재는 당뇨병이나 이상지질혈증에 대한 치료법이 진화해 50~60대까지 사는 분들도 있습니다.

베르너 증후군의 원인이 되는 유전자 이상이란 'WRN 유전자'를 말하는데, 부모에게 물려받은 WRN 유전자에 변이가 있으면 베르너 증후군이 발병하는 것으로 알려져 있습니다.

WRN 유전자는 본래 유전자(DNA) 손상을 복구하는 기능이 있는데, 그 기능이 약하거나 없으면 베르너 증후군에 걸리는 것입니다.

또 다른 조로증으로는 허친슨―길포드 조로증후군이 있는데요. 캐나다인 환자 애슐리 헤기 씨가 여러 번 TV에 소개되어 기억하는 사람이 있을지도 모르겠습니다. 이 병에 걸리면 10대 때부터 동맥경화가 진행되고 뇌와 심장 혈관이 악화되어 결국 심각한 장애로 죽게 됩니다. 평균수명이 14~15세에 지나지 않는 중병인 것입니다.

허친슨–길포드 조로증후군은 'LMNA 유전자 변이'로 발병하는 매우 드문 병이지만 증상이 매우 심하기 때문에 관심도가 높고 널리 알려져 있습니다.

안타깝게도 베르너 증후군과 허친슨–길포드 조로증후군은 근본적인 치료법을 아직 발견하지 못해, 발병할 때마다 증상을 완화하는 대증요법을 시행하는 수밖에 없는 것이 의학계의 현실입니다.

●베르너 증후군의 임상 증상과 출현 연령

20~30년 빨리 노화한다!

베르너 증후군 여성(15세 왼쪽), 이 여성의 48세 때 사진(오른쪽). 노화가 빨리 진행된다.
사진: 국제 레지스트리 등록(워싱턴대학병원)/베르너 증후군

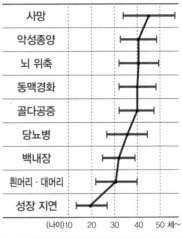

사망		
악성종양		
뇌 위축		
동맥경화		
골다공증		
당뇨병		
백내장		
흰머리 · 대머리		
성장 지연		

(나이)10　20　30　40　50 세~

참고 1. 지바대학 대학원 의학연구원 내분비대사 · 혈액 · 노년 내과학 HP
2. 베르너 증후군 핸드북

07 노화는 되돌릴 수 없는 걸까?

노화된 몸을 젊은 날로 되돌릴 수 있을까?

진시황제는 불로초를 구하기 위해 서복(서불)이라는 방사(천문 의학 점복을 연구하는 학자, 지금으로는 무당과도 흡사함)를 동방으로 보냈습니다. 서복이 동방의 삼신산에 불로장생의 영약이 있다며 허풍을 떨었고, 진시황은 크게 기뻐하며 남녀 3천 명과 장인 1백 명, 오곡의 종자를 가져가게 했습니다. 전설에서는 서복이 일본에 왔다고 하지만, 서복이 불로초를 찾았는지는 알 수 없습니다. 하지만 예로부터 권력자들이 늙지 않고 오래 사는 삶을 얼마나 갈망했는지 알 수 있습니다.

노화된 몸을 젊은 날로 되돌릴 수 있느냐고 묻는 사람들이 있습니다. 답을 말하자면 일단 노화된 몸은 되돌릴 수가 없습니다. **원래대로 되돌릴 수 없는 것이 '노화'의 정의**이기도 합니다. 그래서 이런 물음에는 복잡한 기분이 듭니다.

어쨌든 노화를 억제하기 위해서는 앞서 설명했듯이 '노화는 쪼그라드는 것이고, 나쁜 것은 쌓이고 좋은 것은 부족해지는 것이며, 세포도 노화한다.'는 현상을 원래대로 되돌려야 할 것입니다.

좀 더 구체적으로 말하면, **DNA 손상이나 이상 단백질의 축적을 억제하고, 노화 세포 수도 줄여야 합니다**(그림 A). 또한 **저하된 호르몬과 보효소도 늘려 젊은 사람 수준으로 올려놓아야 합니다.**

칼로리 제한(열량 제한)을 하면 수명을 늘릴 수가 있는데 **노년기라도 칼로리 제한을 하면 건강지표가 개선**되는 것으로 알려져 있습니다. 언제부터 칼로리 제한을 시작하든 효과가 있다는 것입니다.

최근 칼로리 제한을 하지 않아도 **공복 시간을 간헐적으로 반복하기만 하면**(단식) **칼로리 제한과 같은 효과를 얻을 수 있다는** 사실이 동물실험에서 밝혀졌습니다.

또한 수명과 노화를 제어하는 여러 유전자도 밝혀짐으로써, 약이나 유전자조작 실험에 보다 새로운 지견(지식과 견문)을 얻게 되었습니다. 세포 성장에 관여하는 단백질인 mTOR(mammalian Target Of Rapamycin: 포유류 라파마이신 표적)이라는 **건효소(Key enzyme)의 작용을 억제하는 약은 수명 연장에 큰 도움을 주고, 노화 세포의 SASP(노화 연관 분비 표현형)의 분비도 억제**합니다.

전구체를 섭취하여 노화되면서 줄어드는 보효소 NAD의 감소를 원래대로 되돌리는 'NAD 부스터법'도 수명을 연장하는 동시에 노화 세포의 SASP 분비를 억제합니다. 그리고 **노화 세포를 선택적으로 제거하는 약이나 식품 물질도 많이 발견되고** 있습니다.

아직은 검증 실험 결과를 기다려야 하겠지만, 어쩌면 '노화는 되돌릴 수 없어도 노화 시곗바늘은 조금은 돌려놓을 수 있는 날'이 올지도 모릅니다. 앞으로 관심을 갖고 지켜봐야 할 것 같습니다.

그림 A 노화의 가장 큰 원인은 DNA에 축적된 손상

DNA 손상
단백질 변성
세포막 손상
세포 내에 쌓이는 노폐물
텔로미어 단축

노화는 진행성이라 일단 진행되면 원래대로 안 돌아가잖아.
뭐, 젊음을 되찾지는 못한다 해도 다양한 약이 개발되고 있다니까 건강 수명을 늘릴 수는 있지 않을까? 그걸로 됐다고 할 수밖에 없겠지.

불로불사의 묘약을 찾아 떠나는 서복(우타가와 구니요시 그림)

08 마음(뇌)도 노화한다는 게 뭐지?

뇌의 노화

늙으면 뇌도 다른 조직과 마찬가지로 쪼그라들고, 나쁜 것은 쌓이고 좋은 것은 부족해집니다. 세포가 노화하는 것도 피할 수가 없고요. 요컨대 **뇌도 늙는 것입니다.**

다만 **뇌는 다른 조직과 모습이 달라서, 그 세포에 특징**이 있습니다. 신경세포는 특수하게 길쭉한 형태(축삭)이고, 손발(수상돌기)도 많아, **신경세포끼리 연결되어(시냅스) 있습니다**(그림 A). 이런 **신경세포가 정보를 전기신호로 주고받으며 생각과 감정, 기억 등을 하는 사령탑 역할을 담당합니다.**

신경세포 주위에도 특수한 세포들이 이웃하고 있습니다(그림 A). **올리고덴드로사이트**는 **미엘린** 수초라는 절연체로 축삭을 감싸 신경세포가 보내는 신호가 혼선되지 않도록 하고, **아스트로사이트와 미세아교세포**는 신경세포에 영양을 제공하고 이물질을 제거하는 등 신경세포를 돕는 역할을 담당합니다.

신경세포는 분열하지 않기 때문에 복제 노화와는 무관합니다. 그러므로 세포 노화는 되지 않지만, 주위의 올리고덴드로사이트나 아스트로사이트가 세포 노화가 되면서 제 역할을 못 하거나 반대로 신경세포의 기능을 방해하기 시작하는 겁니다.

앞서 언급한 '뇌가 쪼그라든다.'는 것은 신경세포나 주변 세포들이 많이 죽고, 생성과 파괴의 균형이 깨져서 뇌 전체가 줄어드는 것을 말합니다. 이것은 누구도 피할 수 없습니다. 나이가 들면 누구나 뇌의 크기가 줄어드는 것이죠(위축).

하지만 **뇌가 쪼그라들었다고 해서 다 치매에 걸리는 것은 아닙니다.** 치매는 뇌의 위축 외에도 나쁜 것은 쌓이고, 좋은 것은 부족할 때 발병합니다. 대표적인 치매가 알츠하이머병인데요(그림 B). 알츠하이머병은 **세포 바깥쪽에 '노인성 반점'**, 세포 안에는 **'신경원섬유 변화'**라고 불리는 이상한 단백질이 쌓입니다. 그 때문에 이상 단백질 성분을 표적으로 한 약을 개발하고 있습니다.

신경세포를 돕는 호르몬(BDNF 등)이나 신경전달물질(아세틸콜린 등)이 감소하면 '좋은 것'이 부족해지는 것으로 알려져 있습니다.

마음은 뇌가 다스립니다. 몸은 늙어도 뇌(마음)는 노화되지 않기를 바라는 마음은 누구나 같겠지요.

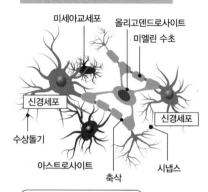

그림 A 신경세포와 주변 세포

미세아교세포
올리고덴드로사이트
미엘린 수초
신경세포
신경세포
수상돌기
아스트로사이트
축삭
시냅스

대뇌의 신경세포 수는 대략 140억 개래. 그런데 대뇌 세포의 10% 정도를 쓴다고 하니까 뇌가 마지막 자원이라고 할 수 있지 않을까?

마음(뇌)도 노화한다는 게 뭐지?

그림 B 알츠하이머병

건강한 뇌   알츠하이머병에 걸린 뇌

위축   위축

- 신경세포 사멸, 뇌 위축
- 기억장애나 인지 장애 진행. 서서히 생활 기능 상실
- 뇌에 노인성 반점과 신경원섬유 변화 출현

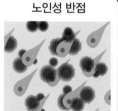

노인성 반점

베타아밀로이드(Aβ) 면역 염색

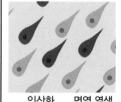

신경원섬유 변화

인산화 타우단백질   면역 염색

09 일상생활이 바뀌면 노화가 점점 진행되는 걸까?

일상생활과 노화

일상생활은 노화에 가장 큰 영향을 미칩니다. 20쪽에서도 언급했듯이, 유전자가 노화에 미치는 영향은 30%가량이니 약 70%는 일상생활(환경)이 노화에 영향을 미치는 셈입니다.

그러므로 섭취 열량 과다로 비만이 되면 생활 습관병을 초래하고 노화도 빨라집니다. 반대로 칼로리 부족으로 너무 마르면 영양부족으로 온갖 질병이 생기게 마련입니다. 건강을 지키기 위해서는 배부르게 먹지 말고 80%까지 차면 먹지 말아야 한다는 말이 있는데, 이를 입증할 만한 기초 실험 데이터도 있습니다.

스트레스도 몸에 좋지 않다고 합니다. 스트레스에는 여러 가지가 있지만, 크게 '정신적인 것'과 '물질적인 것'으로 나뉩니다(그림 A). 슬픈 일이나 짜증스러운 일 때문에 **정신적으로 스트레스를 받게 되면 신장 위에 있는 부신에서 코르티솔이라는 스트레스 호르몬이 분비**됩니다. 사실 이 호르몬은 양날의 검입니다. 코르티솔은 주로 스트레스로부터 몸을 보호하는 역할을 하지만 너무 많으면 반대로 몸에 악영향을 주게 됩니다. 실제로 **코르티솔 과다가 되면 뇌에 노인성 반점이 쌓이기 쉽다는** 연구 보고가 있습니다.

물질적인 스트레스란 **자외선이나 흡연·부류연(타고 있는 담배 끝에서 나오는 연기), 공장 연기 같은 화학물질에 노출**되는 것입니다. 이런 물질은 직간접적으로 DNA를 손상시키므로 세포가 죽거나 노화할 수 있습니다. 그 결과 노화가 가속되는 겁니다.

우리 몸에는 본래 **어떤 스트레스에도 대항할 수 있는 여러 겹의 방어 시스템이 있습니다.** 예를 들어, 자외선을 막기 위해서 멜라닌 색소를 대량 산출해 피부를 검게 만듭니다. DNA를 손상시키는 활성산소종을 해독하는 효소(SOD 등)나 물질(비타민 등)도 많이 보유하고 있습니다.

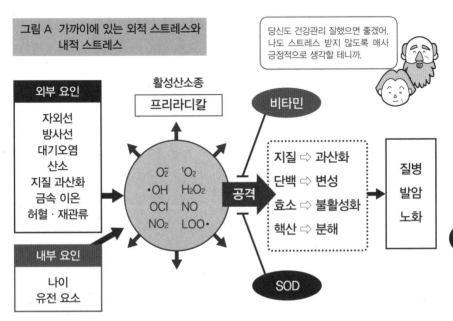

그림 A 가까이에 있는 외적 스트레스와 내적 스트레스

당신도 건강관리 잘했으면 좋겠어. 나도 스트레스 받지 않도록 매사 긍정적으로 생각할 테니까.

활성산소종

프리라디칼

비타민

외부 요인
자외선
방사선
대기오염
산소
지질 과산화
금속 이온
허혈 · 재관류

O_2^- $^1O_2$
·OH H_2O_2
OCl NO
NO_2 LOO·

공격

지질 ⇨ 과산화
단백 ⇨ 변성
효소 ⇨ 불활성화
핵산 ⇨ 분해

질병
발암
노화

SOD

내부 요인
나이
유전 요소

일상생활이 바뀌면 노화가 점점 진행되는 걸까?

또한 손상되어도 바로 원래대로 되돌리는 복구 효소가 상비돼 있습니다. 이런 식으로 대항함으로써 몸을 건강하게 유지하는 것입니다.

하지만 생성과 파괴의 균형이 깨져서는 안 됩니다. 최근에는 **강인성**(Robustness)**과 회복 탄력성**(Resilience)**이라는 말이 주목받고 있습니다.** 즉, 스트레스에 맞서 회복력을 기르기 위해서는 건강한 일상생활(운동, 식습관, 삶의 보람)을 유지하고 스트레스가 적은 일상을 보내는 것이 요구된다는 것이죠.

10 노화한다는 게 뭘까? 병일까?

노화는 병일까?

노화를 연구하는 동료들과 '**노화는 병인가?**'라는 주제를 화제로 삼곤 합니다. 그때마다 '**노화는 병이 아니다.**'라는 결론을 내립니다. 살아 숨 쉬는 생물에게 노화는 당연한 현상이고 피할 수가 없습니다. 하지만 병은 피할 수 있다는 게 그 이유입니다(그림 A).

상당한 고령자인데도 큰 병에 걸리지 않고 건강하게 자립적인 생활을 하는 분들이 많습니다. 연구실에서 늙은 생쥐를 관찰하다 보면, 흰머리나 탈모는 조금 있지만 분명히 병이 없는 개체를 많이 볼 수 있습니다. 그래서 **질병과 무관하게 노화하는 것을** '**정상 노화**(생리적 노화)'라고 하고, 이와 대조적으로 **병에 걸리는 노화를** '비정상 노화 (병적 노화)'라고 구분해서 사용하고 있습니다. 다만 이러한 구분은 사는 시대에 따라 달라지는 게 아닐까 생각합니다만….

10쪽에서도 언급했지만, 150년 정도 전에는 노화가 진행되기도 전에 질병(대부분이 감염증)으로 사망했습니다(그림 B). 점점 의료 기술과 위생 상태가 좋아지고 평균수명이 점차 늘어나자, 고령에 이르렀는데도 건강한 노인이 증가했습니다. 병이 없는 노화가 늘어난 것입니다. 그런데 지금은 옛날과 노화 벡터가 달라 보여도 실제로는 동일선상에 연속해 있는 게 아닌가 하는 생각이 듭니다. 생존 시간의 길이는 달라도 노화는 같은 선상에 있으면서 병이 일어나는 과정(전 단계)을 보이고 있기 때문입니다.

앞에서 '노화는 병이 아니다.'라고 했습니다. 그런데 그 생각도 흔들리기 시작했습니다. 21세기에 이르러 기술 진보가 더욱 가속화되었기 때문이라고 할까요? 특히 **분자 생물학과 유전자공학 기술이 급속도로 발전하면서** 이제 '수명 유전자'나 '노화 유전자', '안티에이징(항노화)'이라는 말을 쉽게 접하게 되었습니다. 노화 연구소는 **노화 세포 제거제와 수명을 늘리는 약을 개발하여 머지않아 노화 시곗바늘을 되돌려놓**

을 것 같은 분위기입니다.

　노화 연구 전문가이자 하버드 의대 유전학 교수인 데이비드 싱클레어 박사는 『노화의 종말』이라는 책에서 노화는 치료할 수 있는 질병에 불과하다고 주장해 큰 화제가 되었습니다. 어쩌면 가까운 미래에 지금까지의 개념이 180도 바뀌어 '노화는 질병이다. 그러니까 치료하자!' 라고 대화하는 날이 올지도 모릅니다.

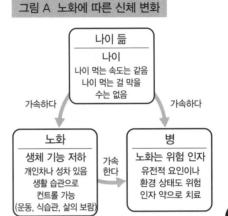

그림 A　노화에 따른 신체 변화

나이 듦
나이
나이 먹는 속도는 같음
나이 먹는 걸 막을
수는 없음

가속하다 ⟶　　　⟵ 가속하다

노화
생체 기능 저하
개인차나 성차 있음
생활 습관으로
컨트롤 가능
(운동, 식습관, 삶의 보람)

가속한다 ⟶

병
노화는 위험 인자
유전적 요인이나
환경 상태도 위험
인자 약으로 치료

유명한 학자가 노화는 고칠 수 있는 병이라고 하던데, 정말 그럴까?

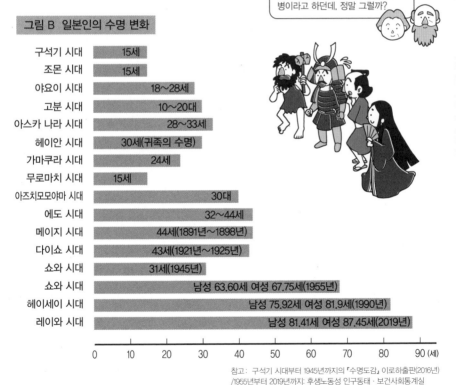

그림 B　일본인의 수명 변화

구석기 시대	15세
조몬 시대	15세
야요이 시대	18~28세
고분 시대	10~20대
아스카 나라 시대	28~33세
헤이안 시대	30세(귀족의 수명)
가마쿠라 시대	24세
무로마치 시대	15세
아즈치모모야마 시대	30대
에도 시대	32~44세
메이지 시대	44세(1891년~1898년)
다이쇼 시대	43세(1921년~1925년)
쇼와 시대	31세(1945년)
쇼와 시대	남성 63.60세 여성 67.75세(1955년)
헤이세이 시대	남성 75.92세 여성 81.9세(1990년)
레이와 시대	남성 81.41세 여성 87.45세(2019년)

0　10　20　30　40　50　60　70　80　90 (세)

참고: 구석기 시대부터 1945년까지의 『수명도감』 이로하출판(2016년)
/1955년부터 2019년까지: 후생노동성 인구동태 · 보건사회통계실

노화한다는 게 뭘까? 병일까?

슈퍼센티네리언을 목표로 하자!

by 편집부

일본의 100세 이상 고령자는 괄목할 만한 기세로 늘고 있습니다. 1963년에 '노인복지법'이 제정되었는데, 그해에는 100세 이상자가 153명이었습니다. 그런데 1981년에는 100세 이상 고령자가 1,000명을 넘었고, 1998년에는 1만 명, 2012년에는 5만 명, 2022년에는 9만 명 이상으로 늘어났습니다.

정확히 말하면 2022년 9월 1일 기준으로, 100세 이상 고령자는 전년보다 4,016명 늘어난 9만 526명이고, 그중 여성이 89%를 차지하는 8만 161명, 남성이 1만 365명입니다.

100세 이상인 사람을 센티네리언(Centenarian)이라고 부르고, 110세 이상을 슈퍼백세인(Super-centenarian, 슈퍼센티네리언)이라고 하는데요. 슈퍼백세인 한 분을 2016년 여름에 취재한 적이 있었습니다. 당시 112세였던 고토 하츠노 씨인데, 취재 당시에는 건강했으나 안타깝게도 2017년 5월 113세의 나이로 돌아가셨습니다.

고토 하츠노 씨는 1903년 9월 1일 니가타현 주쿄조군 다카다쵸(현 묘타카고원쵸 아카쿠라온천)에서 태어났습니다. 1903년은 라이트 형제가 첫 비행의 쾌거를 이룬 해이고, 이듬해인 1904년은 러일 전쟁이 발발한 해였습니다.

하츠노 씨는 20살에 광산 기사였던 남편과 결혼했는데, 그 남편과는 38세 때 사별하고, 이후 아들 딸과 함께 살았습니다.

그런데 하츠노 씨는 어떻게 슈퍼센티네리언이 될 수 있었을까요? 앞에서 수명에는 유전자가 30%, 환경이 70% 영향을 미친다고 설명했습니다.

30%는 유전자의 힘이라 해도, 70%의 생활환경이 수명을 좌우한다면 고토 하츠노 씨는 어떤 생활환경에서 살았을지 추측해보고 싶어집니다.

하츠노 씨는 나이 73세에 처음으로 화필을 들었습니다. 그 나이에 처음 시작한다는 건 쉬운 일이 아니었을 겁니다. 그런데 정진을 거듭하여 99세까지 백호 대작을 그렸습니다. 82세에 '현대동화전 신인상'을 수상했고, 96세에는 '현대동화전 문부대신 장려상'을 수상했습니다. 100세를 넘어서부터는 일본의 역대 가인 100명의 시를 한 편씩 모아 놓은 「백인일수(百人一首)」를 암송하고, 가락을 붙여 시를 읊었으며, 글씨 쓰기를 익히고, 가루타(일본의 플레잉 카드 놀이)에 도전했습니다. 112세에는 전국 가루타협회에서 초단을 인정받았고요. 107세에 뉴욕 여행을 했고, 108세에는 새로운 것에 도전하는 70세 이상의 고령자에게 주는 '뉴 엘더 시티즌(NEW ELDER CITIZEN) 대상'을 최고령으로 수상했습니다.

그녀는 2015년에 『111세, 언제든지 지금부터』라는 책을 썼습니다. 이 책에서 하츠노 씨는 '할 수 있는가 할 수 없는가가 아니라, 하는가 하지 않는가'라고 말하고 있습니다. 그 당연한 일을 하지 못하는 것이 인간의 나약함이라는 것입니다. 그런데 그녀는 강한 의지로 그 나약함을 극복했을 것입니다.

고령자의 건강 비결에 삶의 보람을 빼놓을 수 없는데요. 하츠노 씨는 그 삶의 보람을 취미 생활에서 찾았고, 이것이 '생활환경 70%' 중 하나였다는 것은 의심의 여지가 없습니다.

그리고 또 하나가 웃는 얼굴일 것입니다. 가족에 따르면 하츠노 씨는 사람과 만날 때는 항상 미소를 지었다고 했습니다. 자신이 웃으면 상대방도 웃기 마련이므로 웃으면 모두가 행복한 기분이 된다는 것입니다.

고토 하츠노 씨가 문부대신 장려상을 수상한
『메이지 24년(1891년)의 소풍 묘나 폭포』

고토 하츠노 씨의 장수 비결은 아무래도 '삶의 보람과 웃는 얼굴'이라는, 지극히 당연하면서도 참으로 어려운 삶을 살아냈다는 데 있는 것 같습니다.

현재 일본의 슈퍼센티네리언 최고령 여성은 오사카부 가시와바라시에 사는 다츠미 후사 씨로 115세이고, 최고령 남성은 히로시마현 가미이시 고원마치에 사는 나카무라 시게루 씨로 111세입니다. 슈퍼센티네리언 인원은 여성이 137명, 남성이 9명으로 총 146명입니다. 이분들이 어떤 삶을 살아왔는지도 흥미로운 부분입니다. 아래에 현재 100세 이상인 분의 도도부현별 인원수를 표시했습니다. 인구 10만 명당 인원수도 병기했습니다. 총수로는 도쿄도가 7,298명으로 가장 많지만, 10만 명 단위로는 52.09으로 42위입니다.

가장 많은 현은 시마네현으로 142.41명이고, 가장 적은 현은 사이타마현으로 43.62명입니다. 상대적으로 간토 지방 같은 도시권에서는 100세 이상 고령자가 적은 경향을 보이고 있습니다. 왜 그런지 이것도 흥미로운 부분입니다.

● 도도부현별 10만 명당 100세 이상 인구 순위(명)

순위	도도부현	남성	여성	총수	10만 명당
1 위	시마네현	120	827	947	142.41
2 위	고치현	80	856	936	136.84
3 위	돗토리현	69	659	728	132.60
4 위	가고시마현	193	1781	1974	125.25
5 위	구마모토현	245	1797	2042	118.17
6 위	나가노현	308	2041	2349	115.54
7 위	야마구치현	160	1363	1523	114.68
8 위	에히메현	173	1321	1494	113.10
9 위	미야자키현	130	1068	1198	112.91
10 위	가가와현	132	909	1041	110.51

순위	도도부현	10만 명당	순위	도도부현	10만 명당	순위	도도부현	10만 명당	순위	도도부현	10만 명당
11 위	나가사키현	107.79	21 위	히로시마현	95.54	31 위	나라현	76.81	41 위	이바라키현	64.20
12 위	야마나시현	107.70	22 위	도쿠시마현	93.54	32 위	기후현	76.44	42 위	도쿄도	52.09
13 위	니가타현	107.63	23 위	후쿠이현	92.24	33 위	군마현	75.92	43 위	가나가와현	52.06
14 위	오이타현	105.48	24 위	이시카와현	91.11	34 위	시즈오카현	74.25	44 위	오사카부	51.83
15 위	도야마현	100.68	25 위	오키나와현	90.87	35 위	미에현	70.84	45 위	지바현	50.98
16 위	사가현	99.13	26 위	이와테현	89.88	36 위	아오모리현	70.76	46 위	아이치현	44.78
17 위	야마가타현	98.20	27 위	후쿠시마현	87.03	37 위	효고현	69.90	47 위	사이타마현	43.62
18 위	오카야마현	96.96	28 위	홋카이도	85.66	38 위	미야기현	67.29			
19 위	아키타현	96.93	29 위	교토부	79.93	39 위	시가현	65.13			
20 위	와카야마현	96.17	30 위	후쿠오카현	77.69	40 위	도치기현	64.76		참고 : 후생노동성 발표 데이터	

제2장

노화되면
어떤 병에
걸리기 쉬울까?

01 나이 들면 왜 치주 질환이 늘어나는 걸까?

노화와 치주 질환

누구나 '꼭꼭 씹어서 잘 먹고 싶다.'고 생각할 것입니다. 치주 질환이란 치은염이나 치아 상실로 이어질 수 있는 치조농루(치주염)를 말하는데, 나이 들어 **치조농루증**이 심해지면 치아를 뽑고 의치를 하는 것이 일반적인 치료법이었습니다.

치주 질환은 세균이 치아 주위(치주 포켓)에 부착해 염증을 일으키는 감염증(그림 A)입니다. 염증이 잇몸과 잇몸뼈 주변까지 진행되면 잇몸뼈가 녹아 치아를 뽑아야 하는데요. 세균 덩어리인 세균막(Biofilm)이 잇몸 주위에 견고하게 부착되기 때문에 문제가 되는 것입니다. 개인차가 있긴 하지만 **입안에는 600여 종류의 세균이 존재하는데**, 이 세균이 끈적한 막을 쳐서 세균막을 만듭니다. 치아 표면이나 치주 포켓에 붙은 세균막은 치주 질환을 진행시키는데요. 이곳에서 세균이 독소를 내뿜기 때문입니다. 그렇다면 치주 질환은 노화와 어떤 관련이 있을까요?

원인은 여러 가지가 있지만, **나이가 들면 치아를 꼼꼼하게 닦지 못할 수가 있는데, 그러면 세균막을 충분히 제거하지 못합니다.** 이것이 가장 큰 이유인데, 노화로 입안이 건조하면 세균막이 더 강해집니다. 여기다 **면역 기능이 저하되고 생활 습관이 무너지면 감염증인 치주 질환이 더 쉽게 진전**됩니다.

초고령사회인 일본에서는 80세에 20개 이상의 치아를 갖자는 '**8020 운동**'을 펼치고 있습니다(그림 B·그림 C). **치주 질환으로부터 치아를 지키자는 흐름**인 거지요. **현재는 매년 치과 검진을 의무화하는 '전 국민 치과 검진' 도입을 검토**하고 있습니다. 이것은 당뇨병이나 심근경색, 동맥경화 등 전신성 질환과 밀접한 관련이 있는 치주 질환을 악화하기 전에 발견하여 치료하자는 데 뜻이 있습니다. '8020 운동'이나 '전 국민 치과 검진'은 평생 잘 씹고 잘 먹기 위해 식후 양치질을 철저히 하고, 구강 검진을 습관화하며, 바른 생활 습관을 가져 치주 질환으로부터 치아를 지키자는 것이지요.

그림 A 건강한 치아와 치주 질환이 있는 사람의 치아

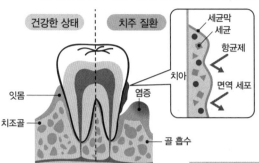

참고 : https://www.higuchi-shika.com/perio/disease

이를 뽑아야 하는 건 정말 싫어. 양치질! 제대로 닦는 방법을 알아둬야겠네. 치아 앞면·앞니·뒷면·어금니·어금니 뒷면·치아와 잇몸 사이·치아 사이사이를 닦는 방법이 다르구나.

그림 B 20개 이상의 치아를 보유한 인원수

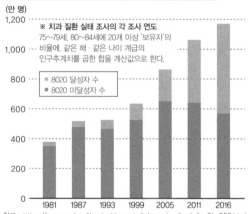

참고 : https://www.e-healthnet.mhlw.go.jp/information/teeth/h-01-003.html

그림 C '뭐든지 잘 씹어 먹을 수 있는' 사람의 비율

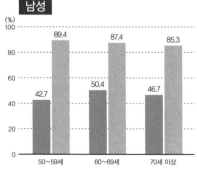

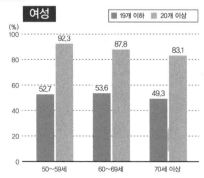

참고 : https://www.e-healthnet.mhlw.go.jp/information/teeth/h-01-003.html

02 노화로 호흡 능력이 떨어지면 어떤 병에 걸릴까?

노화와 호흡 능력

호흡은 숨을 들이쉬는 동작(흡기)과 숨을 내쉬는 동작(호기)으로 이루어져 있습니다. 숨을 들이쉴 때는 주로 횡격막과 일부 늑간근을 사용합니다.

숨을 들이쉬는 동작을 이해하기 위한 다음과 같은 실험이 있습니다. 먼저 유리병 바닥을 잘라 부드러운 고무 시트로 덮고, 병 속에 고무풍선을 오므린 상태로 늘어뜨립니다. 그런 다음 고무풍선을 병 입구에 단단히 고정한 상태에서 시트를 당깁니다. 그러면 병 안의 고무풍선이 부풀어 오릅니다.

여기서 바닥을 덮은 고무 시트는 횡격막이고 풍선은 폐에 해당합니다. 고무 시트를 당기면 풍선을 덮는 공간(몸에서는 흉강)이 음압이 되기 때문에 풍선(폐)이 부풀어 오르는 것입니다.

이 실험 모델로 숨을 들이쉴 때 횡격막이 수축하는 것을 알 수는 있지만, 횡격막이 늘어나는 듯한 느낌도 들기 때문에(그림 A) 혼란스러울 수도 있습니다.

횡격막이란 모든 것이 근육(횡문근)으로 이루어진 것이 아니라 중앙부는 근육이 부족하여 건막(힘줄 중심)으로 되어 있습니다(그림 B). 횡격막이 수축하면 이 건막부가 복부 쪽으로 움직여 흉강 용량이 증가합니다(그림 C).

반면 **숨을 내쉴 때는 주로 폐의 일부 흉벽의 탄성력으로 숨을 내뱉습니다.** 하지만 숨을 내쉴 때 횡격막이나 늑간근을 어느 정도 사용하는지는 알 수 없습니다.

다른 근육과 마찬가지로 노화가 되면서 횡격막과 늑간근의 근력도 저하되는 것으로 알려져 있습니다. 횡격막과 늑간근의 근력을 개선하기 위해 흡기 근육을 훈련하기도 하는데요. 어느 정도 효과가 있을 것으로 생각되긴 하지만, 그 때문인지 항간에는 '○○○식'이라는 이름을 붙인 호흡법이 넘쳐나는 것 같습니다.

그림 A 흡기를 이해하기 위한 실험

① 유리병 바닥을 잘라 부드러운 고무 시트로 덮는다.
② 고무풍선을 오므린 상태로 병 속에 늘어뜨린다.
③ 고무풍선을 병 입구에 단단히 고정하고 고무 시트를
   당기면, 병 속 고무풍선이 부풀어 오른다.

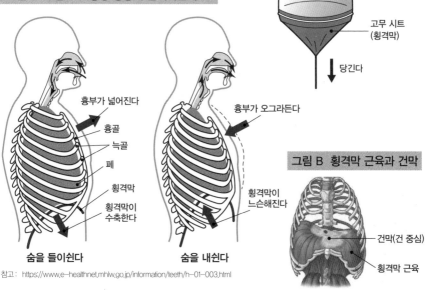

유리병(흉강)
고무풍선(폐)

고무 시트
(횡격막)

↓ 당긴다

그림 C 호흡으로 흉강 용량이 늘어나는 구조

흉부가 넓어진다
흉부가 오그라든다

흉골
늑골
폐
횡격막
횡격막이
수축한다

횡격막이
느슨해진다

숨을 들이쉰다　　　　**숨을 내쉰다**

참고: https://www.e-healthnet.mhlw.go.jp/information/teeth/h-01-003.html

그림 B 횡격막 근육과 건막

건막(건 중심)

횡격막 근육

참고: https://www.e-healthnet.mhlw.go.jp/
information/teeth/h-01-003.html

그림 D 호흡 기능의 역할과 전폐기량(TLC)

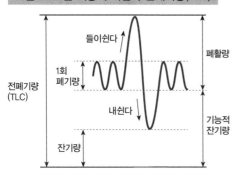

들이쉰다
폐활량
1회
폐기량
전폐기량
(TLC)
내쉰다
기능적
잔기량
잔기량

호흡 기능은 키나 나이와 관
련이 있는 건가? 나이가 들
어도 전폐기량은 떨어지지
않는 것 같은데, 폐활량은
떨어지는 것 같네.

어쨌든 **호흡을 할 때 중요한 것은 크게 숨을 들이쉬고 내쉬는 것, 즉 심호흡**을 하는 것입니다. 심호흡은 생각났을 때 하면 되지만, 자기 전에 누워서 하는 심호흡은 권하고 싶지 않습니다. 천식 환자나 고령 여성 중에는 역류성 식도염 증상을 보이는 사람이 비교적 많은데, 누워서 크게 숨을 들이쉬고 내쉬면 위액이 식도로 역류하여 속쓰림을 일으킬 수 있기 때문입니다.

호흡 기능 검사 예측값은 키나 나이와 상관이 있지만, 전폐기량(TLC)**은 크게 저하되지 않는다고 합니다**(그림 D). 하지만 **기능적 잔기량**(헬륨 가스를 사용한 특수한 기계로만 측정할 수 있다)이 증가하기 때문에 폐활량이 저하되는 것입니다.

기능적 잔기량이 증가하면 폐 속에 공기가 축적되어 붓기 때문에 **폐기종**(폐 공기증) 비슷한 증상을 보입니다. 이런 상태를 **노인성 폐기종** 혹은 **노인성 폐 과팽창**이라고 합니다. 일반 폐기종은 폐포(허파꽈리) 벽이 파괴될 때 발생하지만, 노인성 폐기종은 이와는 다릅니다. 지지조직 감소 때문에 안지름 2mm 이하인 작은 기도(Small airway)가 빨리 닫혀 폐에 공기가 갇히는 현상(Air trapping)과 과팽창이 일어나는데요. 이와 함께 1초량(가능한 한 공기를 흡입하고 가능한 한 호출해서 양을 측정하는 것)도 저하됩니다.

호흡 근력의 저하가 바로 질병으로 이어지는 것은 아닙니다. 그렇기는 해도 호흡 기능 저하를 불러올 수 있으므로, 만일 호흡 부하가 발현되어 심부전이나 발열 등 맥박이 빨라지는 이상 상태가 생기면 순식간에 **저산소혈증**이 출현해 전신 상태의 악화로 이어질 수 있습니다.

고령이 되면 좀 전까지 건강했던 사람도 갑자기 상태가 안 좋아지는 경우가 종종 있으므로 가족들이 이따금 말을 걸어볼 필요가 있습니다.

신기한 뇌! 이상한 뇌!

by 편집부

뇌는 참 신기하기도 하고 이상하기도 합니다. 그런 뇌를 입증하는 다음과 같은 예가 있습니다.

오래전에 사고로 잃은 팔에 환지통(환상통, 팔다리를 절단한 환자가 이미 없는 수족에 아픔과 저림을 느끼는 현상)이 생길 수가 있습니다. 없는 팔이 있는 것처럼 통증을 느끼는 것이죠.

카그라 증후군(Capgras syndrome: 자신과 가까운 사람이나 사물이 생김새만 똑같을 뿐 전혀 다른 것으로 뒤바뀌었다고 믿는 망상적 정신 질환)처럼, 사랑하는 가족이나 연인을 가짜라고 느끼는 뇌도 있습니다(『뇌 속의 유령』, 번역본 가도카와 서점, 1999년).

기억력이 비정상적으로 발달하면서 삶의 모든 날을 기억하는 뇌, 반대로 집 화장실에서 주방으로 갈 때 길을 잃는 뇌(『9가지 뇌의 신기한 이야기』, 번역본·문예춘추, 2019년) 등은 자신의 뇌가 정상이라고 생각하는 사람에게는 경악스러운 뇌일 것입니다.

환지뇌는 잃어버린 팔을 계속 기억하기 때문에 유령처럼 환지가 나타나는 것이고, 카그라 증후군은 정서적 기억 상실과 비정서적 지각이 결부되어 나타나는 것입니다. 기억의 뇌에는 수십 년 전의 어느 하루를 떠올리면 날씨는 물론 그날에 있었던 모든 일을 완전히 재현할 수 있는 기억의 코드화가 있고, 미아의 뇌는 뇌 내 지도를 상실해 지금 자신이 있는 위치가 이해할 수 없는 공간으로 변모합니다.

이런 뇌는 특수한 뇌이겠지만, 그래도 인간의 뇌입니다. 그러므로 뇌의 뇌력은 연구자들의 중요 주제로, 현재 뇌는 자연과학과 인간 과학의 최대 중요 과제라서 국제적 차원에서도 연구가 시작되었다고 합니다. 뇌는 진짜 신기하죠!

03 가래나 기침이 계속 나오는 것도 노화와 관련이 있을까?

노화와 가래·기침, 폐 질환

　　　　가래나 기침이 쉴 새 없이 계속 나온다면 일단 폐 질환을 의심해 봐야 합니다. 가래 자체가 증가하고 점액 섬모 클리어런스(Clearance)가 저하될 때에는 특히 주의해야 합니다. **가래가 끊거나**(반드시 가래가 나온다고는 할 수 없다) **기침이 나오는 것**은 '기관지 천식'이나 '폐기종', '만성 기관지염' 등으로 장기간에 걸쳐 서서히 기도가 좁아지는 만성 폐쇄성 폐질환(COPD) 같은 호흡기 질환에 많은 증상입니다(그림 A).

　특히 기관지 천식 환자 중에는 목에 가래가 끊고 이물감이 있다고 호소하는 환자가 많은데요. 기관지 천식이 있으면 아무래도 목에 염증이 생기기 쉽습니다.

　이러한 목의 염증을 **만성상인두염**이라고 보는 의사도 있습니다(그림 B). 목에 가래가 끊는다고 하면 이비인후과 의사 중에는 후비루 증후군으로 증상을 설명하기도 하지만, 가래는 그밖에도 폐에서 이동합니다. 이런 이동을 '**점액 섬모 클리어런스**'라고 합니다(그림 C).

　가래는 기도 점막하선과 술잔세포에서 분비되는 점액으로, M3 무스카린 아세틸콜린 수용체를 통해 생깁니다. **무스카린 수용체 활성화는 기도 염증 자극으로 촉진되며 술잔세포 과형성, 점액선 비대, 술잔세포 분비를 유발**합니다. 다시 말하면 기도의 만성 염증이 가래의 증가를 유인하는 것입니다.

　무스카린 아세틸콜린 수용체를 차단하면 점액 생성이 감소하지만 베타-2-아드레날린 수용체를 자극하면 점액 섬모 클리어런스를 증가시킵니다.

　또 하나 **노화와 관련된 증상으로는 헛기침하는 힘이나 가래를 삼키는 삼킴**(연하) **기능의 저하**가 있습니다. 이런 증상은 노화 현상으로 일어납니다. 연하 기능의 저하는 흡인성 폐렴(46쪽)의 발병과도 관련이 있습니다.

그림 A 만성 폐쇄성 폐질환(COPD)의 증상

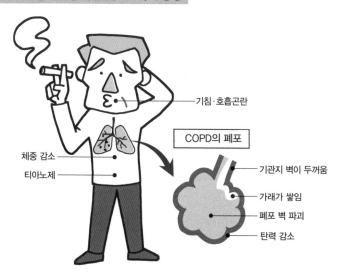

기침·호흡곤란

체중 감소

티아노제

COPD의 폐포

기관지 벽이 두꺼움

가래가 쌓임

폐포 벽 파괴

탄력 감소

그림 B 만성상인두염의 치료 예

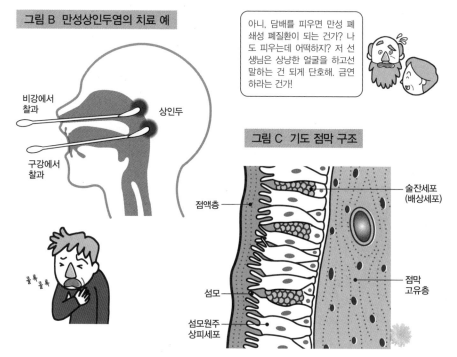

비강에서
찰과

상인두

구강에서
찰과

아니, 담배를 피우면 만성 폐쇄성 폐질환이 되는 건가? 나도 피우는데 어떡하지? 저 선생님은 상냥한 얼굴을 하고선 말하는 건 되게 단호해. 금연하라는 건가!

그림 C 기도 점막 구조

점액층

술잔세포
(배상세포)

점막
고유층

섬모

섬모원주
상피세포

콜록
콜록

04 숨을 쉴 때 쌕쌕거리는 소리가 나는 것도 노화 때문일까?

노화와 숨 쉬는 소리

"요즘 숨을 쉬다 보면 이상한 소리가 나요. 좀 걱정이 되는데 그게 뭐죠?" 이상한 소리는 쌕쌕거림(천명)일 수도 있어요.

어때요? 쌕쌕거리는 소리가 난다는 말을 가족들에게 들은 적은 없습니까?

호흡음 중 정상음 이외의 소리를 부잡음이라고 합니다. 그런 부잡음 속에서 자주 청진되는 것이 '라음'입니다. 라음에는 연속적으로 들리는 '**연속성 라음**'과 끊어져 들리는 '**간헐성 라음**'이 있습니다.

연속성 라음은 기관지의 협착음으로, '고음성 연속성 라음'을 '천명(Wheezes)'이라고 하는데(그림 A), 쌕쌕거리거나 휴, 휴 하는 소리가 납니다. 천식이나 만성 폐쇄성 폐질환(COPD) 등을 앓고 있어도 그런 소리가 납니다. '**저음성 연속성 라음**'은 '**협착음 (Rhonchi)**'이라고 합니다.

간헐성 라음에는 '거친 간헐성 라음', 이른바 '**수포음(Coarse crackles)**'과 '미세한 간헐성 라음', 이른바 '**염발음(Fine crackles)**'이 있습니다(그림 B). 거친 간헐성 라음은 기도 내 가래가 쌓였다는 걸 나타냅니다. **미세한 간헐성 라음은 벨크로 테이프를 떼어 내는 소리와 비슷해 일명 '벨크로 라음'이라고도 하며, 이 소리가 나면 '간질성 폐렴'** (그림 C)이나 '**간질성 부종**'의 질환을 의심해봐야 합니다.

청진기를 대지 않아도 들리는 폐 잡음으로는 고음성 연속성 라음이 보통이지만 거친 간헐성 라음도 혼재하는 경우가 많으므로 주의가 필요합니다. 이런 가슴소리가 빈발할 때는 기관지 협착이나 가래 분비가 늘어나는 등의 이상 상태, 기관지 천식, 만성 폐쇄성 폐질환의 악화, 심부전 악화, 흡인성 폐렴 등이 있는지 의심해봐야 합니다.

그림 A 천명이 일어났을 때의 타격

발작의 강도	호흡 상태	동작
쌕쌕거림(천명)	가슴이 답답함 몸부림치며 괴로워함	거의 보통
경도(소발작)	고통스러워하며 누움	약간 곤란
중도(중발작)	괴로워서 눕지 못함	힘들어하며 겨우 걸음
고도(대발작)	괴로워서 움직일 수가 없음	보행, 대화 곤란
위독	호흡 능력이 저하된 상태 ·티아노제·호흡 정지	착란·의식 장애·실금

밤이나 이른 아침에 기침이 나오기도 하고 쌕쌕거림이 나타나기도 하고…

잠을 자다가 천식 증상이 일어나 잠을 깨기도 한다.

쌕쌕

그림 B 부잡음 라음의 종류

참고 : 간호 rooHP/ https://www.kango-roo.com/learning/2555/

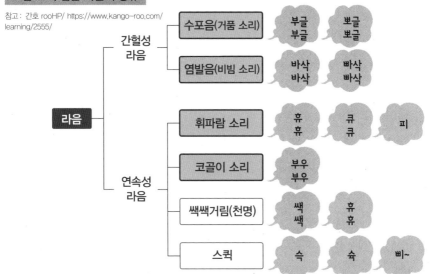

라음

간헐성 라음
- 수포음(거품 소리) — 부글부글 / 뽀글뽀글
- 염발음(비빔 소리) — 바삭바삭 / 빠삭빠삭

연속성 라음
- 휘파람 소리 — 휴휴 / 큐큐 / 피
- 코골이 소리 — 부우부우
- 쌕쌕거림(천명) — 쌕쌕 / 휴휴
- 스퀵 — 슥 / 슥 / 삐~

그림 C 간질성 폐렴의 이미지

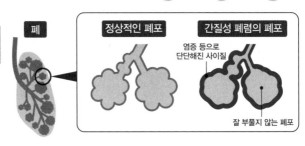

폐

정상적인 폐포

간질성 폐렴의 폐포

염증 등으로 단단해진 사이질

잘 부풀지 않는 폐포

숨을 쉴 때 쌕쌕거리는 소리가 나는 것도 노화 때문일까?

05 늙으면 흡인성 폐렴이 늘어난다는 게 사실일까?

노화와 흡인성 폐렴

삼킨 음식물이 기관에 들어가는 경우가 있습니다. **삼킨 음식물과 함께 세균이 폐로 들어가 염증을 일으키는 것이 바로 흡인성 폐렴**입니다. 흡인성 폐렴은 나이가 들면 증가하기 마련입니다. 그런데 **연하 반사 장애가 있어도 기침 반사가 유지되는 고령자는 폐렴이 일어나지 않는다는 보고가 있습니다.**

생소한 '연하 반사, 기침 반사'라는 말이 나왔는데요. '**연하 반사**'는 음식을 삼킬 때 구강 내가 밀폐되는 순간에 일어나는 반사운동을 말합니다. 간단히 말해서 음식을 삼킬 때의 반사를 말하는 것입니다. '**기침 반사**'는 기도 내에 쌓인 이물질 등을 기도 밖으로 제거하기 위해 폐 내 흡기를 순식간에 유출하는 생체 방어 반응을 말합니다.

연하(삼킴)와 기침 둘 다 장애가 있으면 흡인성 폐렴이 발생합니다.

흡인성 폐렴의 위험 요인으로는 이른바 노쇠(허약), 뇌혈관 장애(특히 기저핵 뇌경색), 치매, 일상생활 동작(ADL) 저하, 수면제 복용 등을 들 수 있습니다. 원래 노화가 되면 식사 중이나 식후에 기침을 많이 하기는 하지만, 너무 자주 한다면 위의 위험 요소가 있는지 확인해야 합니다. 특히 뇌 MRI는 필수이며, **오연(잘못 삼킴) 진단에는 연하조영검사(VF)를 실시해야 합니다**(그림 A·그림 B).

예방 차원에서 이전부터 주목하는 것이 'ACE 저해제'라는 강압제 투여인데요. ACE 저해제 때문에 Substance P 레벨(신경전달물질)이 상승하면 기침을 늘리고 연하 반사를 개선할 것으로 예상되기 때문입니다. 요컨대 **기침을 자꾸 해서 흡인성 폐렴을 막자는 것이죠.** 헛기침을 하지 않더라도 일상적으로 크게 숨을 들이쉬고 마음껏 숨을 내쉬는 동작을 하는 것은 의미가 있을 것 같습니다.

노인 폐렴은 열이 안 난다고 자꾸 강조하는 사람들이 있는데 그건 잘못된 겁니다.

환자 대부분은 열이 납니다. 병이 진행되어 누워 지낼 때 자신의 침을 끊임없이 조금씩 잘못 삼키고 있다면 열이 나도 37.5도 정도밖에 올라가지 않을 수가 있습니다.

하지만 산소 포화도 저하(정상치는 실내기에서 97~98%)가 있는지, 펄스옥시미터(산소 포화도계)가 없더라도 **호흡이 빠르지 않은지**(내 숨의 속도와 비교해보는 것이 가장 알기 쉽다), 혹은 **맥이 빠르지 않은지**(1분에 90 이상 빈맥)를 확인하여 폐렴을 의심해봐야 합니다.

고령자는 발열을 계기로 탈수나 저산소혈증이 생겨 심박수가 증가하고 심방세동을 유발하여 심부전이 생기는 경우가 종종 있으므로 세심한 주의가 필요합니다.

그림 A 뇌 MRI로 확인한 흡인성 폐렴

연수에 소경색이 있어 침도 잘 못 삼키고 흡인성 폐렴을 반복한 사례

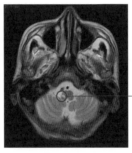

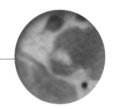

촬영 시험 사례 : 오와다 아키히코

경색

그림 B 연하조영술(VF)에서 판명된 흡인성 폐렴

빨간 동그라미 부분에 삼킨 조영제가 기관 안으로 쏟아져 나오고 있다.

기침을 하면 흡인성 폐렴을 막을 수 있다는군.
근데 기침이 자꾸 나오면 힘들겠어.

촬영 시험 사례 : 오와다 아키히코

06 숨이 차거나 가슴이 답답한 것도 노화가 원인일까?

48

노화와 숨참·가슴 답답함

숨이 차거나 가슴이 답답한 것과 노화, 참 어려운 이야기군요. 이런 내용을 다루다 보면 답하는 데 답답함을 느낍니다. **숨이 차거나 가슴이 답답한 느낌은 사실 자각증상일 뿐 질병의 진행과 반드시 일치하는 것은 아닙니다.**

예를 들어, 산소 포화도가 낮다거나 호흡 기능 검사 수치가 낮다고 해서 꼭 숨차거나 답답하다고 호소하는 것은 아닙니다.

심장이나 폐는 바깥쪽으로 부풀어 오르는데 이에 방해를 받으면, 즉 **확장 제한이 있으면 숨이 차거나 답답함을 느끼지** 않을까 생각합니다.

예를 들면, 꽉 끼는 셔츠를 억지로 입으면 답답함을 느낄 것입니다. 이렇게 **흉곽의 움직임, 특히 흡기에서 흉곽이 밖을 향해 움직이는 동작이 제한되면 답답함을 느끼게** 되지요. 흉곽 확장 제한으로 숨이 차거나 답답함 외에 전흉부의 **골관절 병변,** 구체적으로는 **늑골흉골 관절염이나 쇄골흉골 관절염을 일으키는 사포**(Sapho) **증후군 환자는 흉곽의 움직임이 제한되어 숨이 차거나 가슴이 답답하다고 자주 호소합니다**(그림 A).

기관지가 잘 확장되지 않는 천식이나 만성 폐쇄성 폐질환(COPD) **환자도 상당한 빈도로 숨이 차거나 가슴이 답답하다고 호소하고요.** 그밖에도 공기의 산소를 흡수하는 폐포가 잘 부풀지 않는 이상 상태, **간질성 폐렴이나 폐수종 환자도 숨참이나 답답함을 호소합니다.** 폐에 생긴 구멍으로 공기가 새면서 늑막강 안에 공기가 차는 **기흉**(공기가슴증)도 폐가 찌그러진 상태에서 폐가 잘 확장되지 않기 때문에 답답함을 느낍니다.

심장의 확장 기능 부전, 즉 전신의 혈액이 심장으로 돌아오는 기능이 약해지는 심부전 환자도 숨이 차거나 가슴이 답답함을 느끼기 쉽습니다.

그림 A 뼈 신티그래피(섬광조영술) 이미지

염증 때문에 흉쇄관절과 흉골의 흡수가 증가해 'Bulls head(황소머리)' 사인을 보이는 사포증후군의 한 예

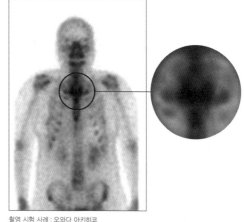

촬영 시험 사례 : 오와다 아키히코

하지만 **고령자는 산소 분압 저하나 이산화탄소 상승에 대한 환기 응답이 저하되어 있기 때문에 숨참이나 답답함을 호소하지 않는 경향**이 있습니다. 이때는 흡인성 폐렴을 설명할 때도 언급했듯이 **산소 포화도 저하, 호흡수 증가**(숨결 거칠기), **빈맥 여부를 재빨리 확인**해야 합니다. 비록 본인의 자각증상이 없더라도 신체가 호소하는 **침묵의 경고 사인**을 가족은 물론 주변 사람들이 놓치지 않아야 합니다. 이 점이 중요하다고 할 수 있습니다.

숨이 차거나 가슴이 답답한 증상이 없다고 해서 안심할 수는 없는 것 같아. 산소 포화도가 낮을 수도 있고, 호흡수가 올라갈 수도, 맥박이 빨리 뛸 수도 있으니까…. 가끔은 검사를 받아봐야 할 것 같아.

맞아. 자각증상이 없어도 '침묵의 경고' 사인이 나올 수 있으니까요.

07 자꾸 가슴이 두근거리는 것도 노화와 관련이 있는 걸까?

노화와 가슴 두근거림

심장의 박동이 빠르고 세지는, 다시 말해 **가슴이 두근거리는 증상을 한자에 적용한 것이 '동계(動悸: 두근거림)'입니다. 동계는 중국어의 '심계(心悸: 심장의 고동)'와 같은 의미**입니다. 그 때문에 일본 소설에 가슴이 두근거리는 일을 '심계항진'이라고 표현했던 시기가 있었습니다.

이와 비슷한 의미로는 **'경계(驚悸: 놀란 것처럼 가슴이 두근거리는 증상)'**라는 말이 있습니다. 이들 **동계·심계·경계에 공통되는 한자 '悸'에는 '두려움=두려워하다'라는 의미**가 있습니다. 그 때문에 동계는 두려움으로 마음이 흐트러져 있는 상태를 의미했고, 심계는 외부 요인으로 인한 놀람과 외부 요인으로 인한 두려움이 합쳐진 상태를 의미했습니다.

두근거림이란 본래 질병과 관련된 증상을 표현하는 말로 사용되는 경우가 많지만, 두려움과 관련된 감정을 표현하는 일도 적지 않습니다.

자, 다시 이 항목의 주제로 돌아가보겠습니다. '동계, 즉 두근거림이 노화와 관련이 있느냐?'라는 질문이었죠. 물론 **가슴이 두근거리는 증상을 느끼는 원인 중 하나가 노화**입니다. 노화라고 하면 외모의 변화나 신체 기능의 쇠퇴를 생각하는 경향이 있지만, **나이를 먹는 것은 마음에도 큰 변화**를 일으킵니다. 외모가 변화해가는 것에 스트레스를 받거나 신체 기능이 쇠퇴해가는 것에 답답함을 느끼는 것은 **마음에 변화를 일으키는 요인**입니다.

그 외에도 **일상생활이나 사회 환경의 변화에서 오는 고독감이나 불안감은 감정 조절을 어렵게 만듭니다.** 결과적으로 노화가 마음의 변화를 낳는 원인이 되는 것이지요.

기억과 공간 학습 능력을 담당하는 해마라는 뇌 기관을 아시나요? 영어로는 해마라는 뇌 기관을 'Sea horse[바다의 말(海馬)]'라고 하는데, **생김새가 동물 해마와 비슷하다고 하여 붙여졌다**고 합니다. 사람은 태어나서 지금까지의 모든 일을 뇌 어딘가에 입력해두는 것으로 알려져 있습니다. 노화, **즉 나이를 먹는다는 것은 지금까지 경험해온 많은 기억이 뇌 속에 축적**되어 있다는 말입니다. 요컨대 해마에 축적되는 것이죠.

이 축적된 기억에는 좋은 일뿐만 아니라 과거에 일어난 나쁜 기억도 포함됩니다. 그 때문에 이 **나쁜 기억 속에는 두려움을 낳는 계기가 숨어있는 것입니다.**

긍정적 사고의 중요성은 많은 서적에서 강조합니다. 긍정적 사고는 **일어나지 않을 수도 있는 부정적인 기억이 되살아나는 것을 막는 데 적합한 사고법**으로, 기억의 축적에서 비롯되는 '두려움'에도 대응할 수 있기 때문입니다.

즉, 나이가 들수록 기억의 축적이라는 노화는 진행되지만, **두려움의 감정을 조절할 수 있으면 결과적으로 가슴 두근거림을 막을 수가 있습니다.**

08 수면 시 호흡 장애를 일으키는 것도 노화가 원인일까?

노화와 호흡 장애

수면 시 호흡 장애 중 빈도가 높은 게 바로 '수면 무호흡증'입니다. 수면 무호흡증은 자는 동안 10초 이상 숨이 멈추는 증상이 반복되기 때문에 잘 잤다는 느낌이 없고 낮에 과도한 졸음이나 몸의 나른함이 나타납니다. 증상으로는 **심한 코골이**(코를 심하게 골다가 갑자기 조용해지고 숨을 쉬지 않다가 조금 지나서 숨을 크게 몰아쉰다), **수면 도중의 각성, 빈뇨, 낮의 졸음, 권태감이나 집중력 저하, 기상 시의 두통** 등이 있지요(그림 A).

수면 무호흡증인지 아닌지는 수면다원검사(PolySomnoGraphy, PSG : 수면 중 뇌파, 심박수 혈중 산소 농도, 호흡수, 안구 운동, 다리 움직임 등 신체적·생리적 변화를 판단하는 검사)로 진단하는데, 보통 수면 무호흡증은 **폐쇄성**과 **중추성** 크게 두 가지로 나뉩니다.

폐쇄성 수면 무호흡증은 수면하는 동안 인후 또는 상기도의 반복적인 폐쇄로 발생하는데요. 대증요법으로는 구강 내 장치(마우스피스)(그림 B)나 지속적 기도 양압 장치(CPAP)를 이용해 치료합니다(그림 C).

중추성 수면 무호흡증은 수면 중에 뇌에서 호흡근을 움직이는 신호가 전송되지 않기 때문에 숨이 통하는 길에 장애가 없어도 숨이 멈춰버리는 것으로, 뇌경색 등 뇌혈관 장애의 후유증을 앓고 있거나 심부전 환자에게서 볼 수 있는 증상입니다.

특히 심부전에서 볼 수 있는 **체인 스토크스 호흡**이 있는데, 호흡이 느려지다 점점 빨라진 뒤 환기량이 감소해 10~20초 정도는 아예 숨을 쉬지 않습니다. 그 후 다시 비슷한 주기로 숨쉬기를 반복하는데, 이것도 **중추성 수면 무호흡증의 일종**입니다.

목 근력이 약해지는 **노인의 중추성 무호흡증·중추성 호흡 장애는 뇌혈관 장애나 심부전의 이환율이 올라가기 때문에 20% 더 많아집니다.** 다만 기저 질환을 치료하면 개선될 수도 있습니다.

그림 A 수면 무호흡증의 위험

● 수면 무호흡증의 위험 신호

야간 빈뇨 · 졸음운전 · 낮의 졸음 · 코골이 · 기상 시의 두통 · 나른함 · 호흡 정지 · 기억력 · 집중력 저하

● 수면 무호흡증의 위험 질환

동맥경화 · 심부전 · 당뇨병 · 심근경색 · 간부전 · 치매 · 뇌혈관 장애 · 고혈압

치료할 때는 폐쇄성 수면 무호흡증과 마찬가지로 **먼저 CPAP를 이용하여 증상을 경감할 수 있는지 검토**합니다. 인공호흡기에 가까운 **'자동적응형 양압기**(Adaptive Servo Ventilation, ASV)'**를 사용하는 경우도 있지만**, 심부전 환자에 대해서는 현재 재검토가 요구되고 있습니다.

53

수면 시 호흡 장애를 일으키는 것도 노화가 원인일까?

> 나도 코도 골고 호흡도 멈추는 것 같은데. 이거 그냥 지나칠 일이 아닌 것 같네. 그러고 보니 잠을 많이 자도 잔 것 같지 않고, 낮에도 졸리고…. 바로 병원에 가봐야겠어.

그림 B 구강 내 장치(마우스피스)

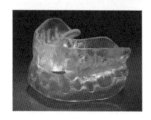

수면 무호흡증의 대증요법에 사용되는 수면 시 구강 내에 끼워 넣는 마우스피스의 한 종류

그림 C 지속적 기도 양압 장치(CPAP)를 이용한 치료

기도가 막힌 성인 수면 무호흡증 환자에게 사용하는 장치. 사전에 압력을 설정해놓고 수면 시 일정량의 공기를 환자에게 보낸다. 그러면 폐가 경도의 가압 상태가 되어 가스교환이 용이해진다.

09 늙으면 미각 장애가 생긴다는 게 사실일까?

노화와 미각 장애

인간은 음식을 입에 넣으면 혀 표면 부분에 있는 미뢰(맛봉오리)로 맛을 감지하고 대뇌의 미각 중추에 전기신호를 전달함으로써 맛을 느낍니다(그림 A).

그런데 나이가 들면 혀나 구강 내에 있는 미뢰(맛봉오리)가 감소합니다. 개인차는 있지만 고령자는 신생아에 비해 미뢰(맛봉오리) 양의 30~50% 정도가 적은 것으로 알려져 있습니다. 요컨대 **미각세포가 노화로 줄어든다는 거죠.**

게다가 **나이가 들면서 씹는 힘이 저하되고 침도 감소**합니다. 그러면 미뢰(맛봉오리)의 기능이 떨어져 미각이 저하되기도 합니다.

최근 미각을 떨어뜨리는 원인으로 약의 영향을 주목하고 있습니다. 맛을 느끼기 위해서는 아연이나 철과 같은 성분이 필요한데, 약의 성분 중에는 아연의 작용을 약화시키는 게 있습니다. 어떤 약이 그런 작용을 할까요? **혈압을 낮추는 약이나 소변 배출을 돕는 약 중에 미각 장애를 일으키는 것들이 있다고 합니다.**

그 외에도 **미각의 저하는 당뇨병이나 신장병 같은 다양한 질병의 합병증으로 생기기도 합니다.** 당뇨병이나 신장병 등으로 신장 기능이 저하되면 아연이 과도하게 배출되기 때문에 미각 장애가 생기기 쉬운 것입니다(그림 B).

그럼 **미각이 저하되면 어떻게 해야 할까요?** 우선 입안의 건조를 막아야 하므로 양치질을 자주 해야 합니다.

입안을 보면 혀 표면이 **하얀 설태**(상피에서 벗겨진 때)로 덮여있을 수 있는데, 설태가 **있으면 맛을 잘 못 느낄 수 있으므로 혀 브러시로 설태를 제거**하는 게 좋습니다.

미뢰(맛봉오리)를 만드는 작용이 있는 아연을 보충해줘도 효과가 있습니다. 굴, 간을 **비롯하여 아연이 많이 함유된 음식을 적극적으로 섭취하기**를 권합니다.

다만 고령자는 미각이 저하되면 진한 양념을 선호하거나 식욕이 저하되는 등 다양

그림 A 맛이 뇌로 전달되는 구조

5가지 기본 맛인 단맛, 쓴맛, 짠맛, 신맛, 감칠맛 정보는 미뢰(맛봉오리)에서 별도의 맛세포로 수용

맛봉오리는 영유아의 경우 약 1만 개가 있다고 하던데, 슬프게도 나이가 들면서 서서히 맛봉오리의 수가 줄어들고, 미각도 떨어진다네.

단맛, 쓴맛, 신맛, 짠맛, 감칠맛

허 표면

맛세포

미뢰

뇌로

맛신경

맛봉오리는 미각세포가 약 50~150개 모여 구성

방추형의 각 미각세포는 한쪽 끝에서 미신경과 연락을 통해 뇌로 맛 정보 전달

한 폐해가 생길 수 있으므로 자신의 미각 변화에 관심을 가져야 합니다.

그림 B 노화에 따른 미각 저하 요인

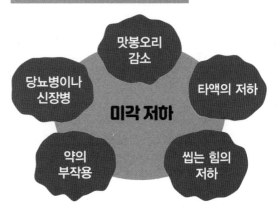

맛봉오리 감소

당뇨병이나 신장병

타액의 저하

미각 저하

약의 부작용

씹는 힘의 저하

그림과 같이 노화로 인한 미각 저하는 여러 가지 요인과 관련이 있다.

10 노화하면 냄새 느낌이 달라진다는 게 사실일까?

노화와 후각 기능

고령자는 후각 자체가 둔해져 향기나 냄새 등에 둔감해집니다. 귀나 눈 같은 감각기관도 이와 같은 현상이 나타나고요. **축농증이나 바이러스 감염**(코로나19 등) 때문에 냄새를 잘 못 맡는 경우가 많으나, 노화도 후각의 기능을 떨어뜨리는 요인 중 하나입니다. 코 안쪽에는 후상피라고 불리는 곳이 있습니다. **후상피에는 수백만 개의 후각세포가 밀집해 냄새 정보를 뇌에 전달하는 역할**을 합니다. 나이가 들면서 후각의 기능이 떨어지는 이유를 이해하려면 뇌 속에서의 신경 재생에 대해서 좀 더 알아야 합니다.

일반적으로 **신경세포는 한번 손상되면 다시는 재생되지 않습니다.** 그런데 **후각세포는 예외적으로 평생 재생을 반복**합니다. 오래된 세포가 죽고 탈락하더라도 대신 새로운 후각세포가 생겨나 후상피에 채워지므로 후각세포 수가 유지되는 것입니다. 학교에 비유하면 매년 2월에 많은 졸업생들이 학교를 떠나도 3월이 되면 신입생들로 채워지기 때문에 전교생 수에는 변함이 없는 것과 비슷하지요. 변하는 게 있다면 일부 학생이 매년 교체된다(후세포는 매달 단위로 교체된다)는 것이죠.

그렇다고 해도 **나이가 든 후상피는 죽어서 탈락하는 세포가 줄긴 하지만, 새로 생기는 세포는 더 적습니다.** 그 결과 **후상피 내의 후각세포 수가 감소하여 냄새를 맡는 감각이 떨어지게 됩니다.** 요컨대 노화로 후각세포의 신생 능력이 떨어지는 것입니다(그림 A). 후각 기능이 저하되는 시기는 남성은 60대, 여성은 70대 정도부터라고 할 수 있을 것 같습니다.

그러면 어떻게 하면 후각세포의 감소를 억제할 수 있을까요? 매우 어려운 문제이긴 하지만, 냄새를 자주 맡도록 하면 신경의 재생이 촉진된다고 합니다. 이 사실은 동물 실험을 통해 알게 되었습니다.

건강 유지를 위해 정기적인 운동을 권장하는 것처럼, **후각도 다양한 냄새를 의식하여 맡도록 하면 노화로 인한 후각 기능 저하를 막을 수 있을지도 모릅니다.** 나이가 들어 냄새에 둔감해지면 여러 가지 냄새를 찾아다니는 냄새 산책을 하는 것도 즐겁고 유용한 일 아닐까 생각합니다.

나도 이제 나이 먹었잖아. 코에 문제가 생긴 것 같아. 나이 먹으면 후각세포가 줄어든다니까 어쩔 수 없는 걸까?

여러 가지 냄새를 맡아봐. 그러면 후각 저하를 예방할 수 있을지도 모른다고 하니 우리 한번 시도해볼까?

그림 A 후상피와 코의 단면

후상피 확대도

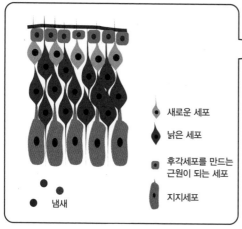

새로운 세포
낡은 세포
후각세포를 만드는 근원이 되는 세포
지지세포

냄새

코의 단면

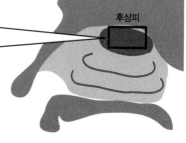

후상피

오래된 세포는 언젠가는 죽어 탈락한다. 오래된 세포가 탈락한 빈 공간에 새로 태어난 후각세포가 편입되지만, 후각세포의 총수는 변하지 않는다. 노화에 따라 사멸하는 세포는 줄어들지만 새로 생성되는 세포는 더욱 감소한다. 결과적으로 후각세포의 총수가 감소하고 후각 기능은 저하된다.

노화하면 냄새 느낌이 달라진다는 게 사실일까?

11 어지럼증도 노화 때문에 생기는 걸까?

노화와 어지럼증

지진이 일어난 것도 아닌데 빙글빙글 도는 느낌이 들거나 휘청거리거나 어질어질한 증상을 어지럼증(현기증)이라고 합니다. 그렇다면 몸의 균형을 잡는 데는 어떤 기관이 작용하는 걸까요?(그림 A)

우리 몸의 균형은 **감각기로서의 눈, 귀, 그리고 근육이나 힘줄이 보내는 정보가 뇌로 전달되고 분석되며, 뇌가 보낸 지령에 전신의 근육이 반응**하는 것입니다.

눈(시각)은 몸의 균형에 매우 중요해서 눈을 감고 걷는다거나 깜깜한 어둠 속을 걸어보면 아마 이리저리 휘청거리는 것처럼 느껴질 것입니다. **눈의 노화로 수정체(렌즈)가 흐려지고 망막(시각 센서)에도 변화가 일어납니다.** 이렇게 되면 사물이 명확하게 보이지 않거나 왜곡되어 보이거나, 보이는 범위가 좁아지기도 합니다.

귓속의 '전정 감각'은 머리의 위치나 움직임에 대한 센서로 몸의 균형을 맞추거나 시야의 안정을 위한 중요한 기관인데, 몸을 빙글빙글 돌리는 놀이를 하면 눈이 빙글빙글 돌지요. 전정 감각이 자극을 받으면서 그런 현상이 일어나는 것입니다. 전정 감각의 노화로 '감각세포(균형 센서)'의 수가 줄어들거나 이석(귀 안에 있는 모래와 같은 것)이 생기기도 합니다. 그렇기는 해도 **나빠지는 것은 75~80세 무렵부터입니다.**

근육이나 힘줄(심부지각)은 사지나 몸의 위치, 그 상태를 알리는 센서입니다. 예를 들어, 눈을 감고 두 다리로 서서 좌우로 몸을 기울여도 어느 다리에 무게가 실려있는지 알 수 있지요. 그런데 **노화 때문에 심부지각이 저하되면, 서거나 걸을 때 다리나 몸에서 정보가 줄어들면서 균형 감각이 떨어지는 겁니다.** 부드러운 침대 위에서는 걷기 힘든 것을 상상해보세요.

전신, 특히 **다리나 몸의 근육은 균형을 유지하는 데 중요**한데 40대에 접어들면 근육량도, 근력 자체도 떨어지기 시작합니다. 눈과 귀의 기능이 정상이어도 다리에 힘이 들어가지 않으면 그대로 서있거나 걷기 어려울 것입니다.

어지럼증에 시달리기 시작하면 외출하거나 사람을 만나는 것을 피하게 되는 경향이 있습니다. 하지만 몸을 움직이지 않고 있으면, 근력이 저하되는 것은 물론 몸의 균형도 나빠집니다. 넘어질 위험이 높고 골절로 누워만 있을 가능성도 생깁니다. 그런 사태를 피하기 위해서는 역시 적당한 운동이나 체조를 하는 등 몸에 자극을 주는 것이 중요합니다(그림 B). 다만 뇌경색 등 어지럼증을 일으키는 질병이 숨어있을 수 있으므로, 걱정이 된다면 이비인후과 등에서 진료를 받아보는 것이 좋습니다.

그림 A 몸의 균형과 노화

눈(시각)
시각 기능의 저하

귀(전정 감각)
전정 기능 저하

근육이나 힘줄(심부지각)
심부지각 저하

근육
근력 저하

그림 B 의자에서 하는 넘어짐 방지 운동

발끝 올렸다 내리기

발뒤꿈치 올렸다 내리기

무릎 펴고 3초 그대로

3초

의자에 앉아 두 다리를
가볍게 앞으로 내밀고,
발끝을 올렸다 내렸다 한다.

의자에 앉아 발뒤꿈치를
충분히 올렸다 내렸다 한다.

의자에 앉아 두 다리를 들어
앞으로 내밀고,
발끝을 올렸다 내렸다 한다.

12 노안의 원인은 무엇이고 몇 살 때부터 시작될까?

노화와 노안

'노안'이란 가까운 사물에 초점을 맞추는 눈의 능력(조절력)이 서서히 떨어지는 것을 말합니다. 노안은 나이가 들면서 생기고, 조절력은 나이가 들수록 떨어집니다(그림 A). 노안은 보통 40대 초중반에 시작하여 65세 무렵까지 계속 악화합니다. 노안이 생기면 가까운 거리에 있는 사물이나 글씨가 흐릿하게 보이기 때문에 명확하게 보기 위해 초점을 멀리 가져가는 경향이 있습니다. 노안이신 분들은 아마 이런 경험이 있을 겁니다.

노안 초기에는 자각증상이 없는 경우가 많으나 장시간 독서 등 거리 조절 작업을 하다 보면, 눈의 피로나 두통 등의 증상이 나타납니다. 40대인데 눈의 피로가 심하다면 안과 진료를 받아보고, 노안으로 진단받았을 때에는 가까운 거리의 물체를 선명하게 볼 수 있는 안경(돋보기)을 끼는 것이 좋습니다.

노안의 주된 원인은 수정체(눈 속에 있는 렌즈)의 노화입니다. 수정체 부착부에 모양체근이 있고(그림 B), 모양체근 수축으로 수정체의 장력이 이완되면 탄력성 있는 수정체낭이 수정체를 보다 둥글게 만듭니다. 굴절력을 바꾸어 초점을 조절하는 것이지요. 그런데 나이가 들면서 눈의 수정체가 딱딱해지면 수정체의 유연성이 상실되어 수정체의 모양을 바꾸지 못하게 됩니다. 이렇게 되면 가까이에 있는 대상에 초점을 맞추기가 어렵게 되면서 시야가 흐려지는 것이고요(그림 C).

'근시가 있으면 노안이 늦게 온다.'거나 '원시가 있으면 노안이 빨리 온다.'는 말을 들어본 적이 있는지요? 하지만 실제로는 근시인 사람도 똑같이 노안이 옵니다. 그림 A에 나타낸 것처럼, 조절력은 노화 속도와 거의 같은 속도로 저하됩니다. 하지만 근시안은 원래 근거리에 초점을 맞추기 때문에 가까이에 있는 대상을 볼 때는 조절할 필요가 없습니다. 그 때문에 조절 능력이 저하되어 있어도 노안이 온 것을 모르고 넘어가기 쉽습니다. 근시도 콘택트렌즈나 안경을 껴서 멀리 있는 것이 잘 보이면 가까이 있는 것은 잘 보이지 않으므로 노안을 자각합니다.

원시도 근시나 난시와 마찬가지로 시력에 영향을 미치는 굴절이상입니다. 하지만 **노안은 굴절이상이 아닌 조절 이상**이기 때문에 근시가 있으면 노안이 늦게 온다거나, 원시가 있으면 노안이 빨리 온다는 말은 근거가 없습니다.

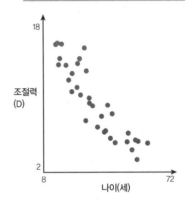

그림 A 나이가 들면서 저하되는 조절 능력

조절력 (D)

나이(세)

그림 B 안구의 구조

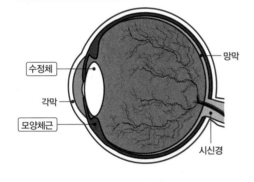

수정체

각막

모양체근

망막

시신경

가까운 게 잘 안 보이니까 참 답답하네.

나도 그래. 노안이 개선되는 트레이닝이 있다니까 한번 해 볼까?

그림 C 멀리 있는 것과 가까이 있는 것을 볼 때의 수정체 변화

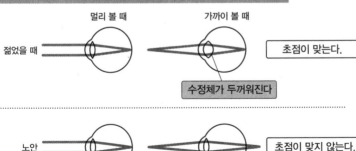

멀리 볼 때　　가까이 볼 때

젊었을 때

초점이 맞는다.

수정체가 두꺼워진다

노안

초점이 맞지 않는다.

수정체가 얇은 채로

노안의 원인은 무엇이고 몇 살 때부터 시작될까?

13 나이가 들면 누구나 백내장에 걸린다는 게 사실일까?

노화와 백내장

백내장은 눈 속 렌즈 역할을 하는 수정체가 뿌옇게 흐려져서 잘 보이지 않게 되는 눈의 질병입니다(그림 A). 노화로 인한 발병률이 가장 많은 비중을 차지하지만, 빠른 사람은 40대에 백내장이 발병하기도 합니다. 일반적으로 50대의 약 45%, 60대의 75%, 70대의 85%, 80대 이상이면 거의 대부분 백내장에 걸린다고 보면 됩니다.

그런데 초기 단계에서는 증상이 거의 없어 자각하기 어렵습니다. 백내장이 진행되면 흐릿해지거나 사물이 이중으로 보이거나 눈부시게 보이는 등의 증상이 나타납니다. 백내장이 더 진행되면 시력이 떨어지는데 안경으로도 교정하기가 어렵습니다.

백내장은 나이가 들면 누구에게나 생기기 때문에 눈의 노화 현상의 하나로 볼 수 있는데요. 노화로 왜 수정체가 탁해지고 투명성이 상실되며 혼탁에 이르는지는 밝혀지지 않았습니다. 자외선 노출, 당뇨병, 근시, 아토피성피부염, 외상, 방사선 같은 외적·내적 요인 때문에도 백내장이 촉진되지만, 주된 요인은 노화라고 할 수 있습니다. 그렇지만 백내장이 발병하는 정확한 메커니즘은 아직 밝혀지지 않았습니다.

수정체는 주로 수분과 단백질로 구성되어 있습니다. 정확한 원인은 알 수 없지만, 자외선, 산화 스트레스, 노화 등으로 수정체를 구성하는 단백질에 구조 변화가 생기고, 이것이 백내장의 한 원인이 아닐까 추정하고 있습니다.

그런데 유감스럽게도 한번 탁해진 수정체를 투명하게 되돌리는 백내장을 치료하는 약은 현재는 없습니다. 그래서 진행된 백내장에는 일반적으로 탁한 수정체를 제거하고 안내렌즈를 삽입하는 수술을 합니다. 시력 저하로 업무에 차질이 생기거나, 밖에서 눈부셔서 극단적으로 잘 보이지 않거나, 교정한 시력이 0.7 이하가 되어 운전면허 갱신이 불가능하다면 수술을 검토해보는 것이 좋습니다(참고: 일본백내장학회 홈페이지).

백내장 수술은 수정체의 제일 바깥을 둘러싸고 있는 투명한 껍질(수정체낭) 앞쪽 부분에 구멍을 내어 내부의 혼탁한 수정체를 분쇄하고 흡입합니다. 그런 다음 수정체 대신 인공 수정체를 수정체낭에 삽입합니다(그림 B). 인공 수정체에는 난시량을 줄이는 것도 있고, 한곳이 아니라 몇 곳에 초점을 맞추는 다초점 안내렌즈도 있습니다.

노화를 멈추게 할 수는 없지만, 백내장을 예방할 수는 있습니다. **예방하는 방법으로는 자외선 차단 효과가 있는 선글라스나 소프트 콘택트렌즈, 체내의 산화 스트레스 생성 억제를 위한 금연, 혈당 조절** 등이 있습니다. 눈의 타박상이나 부상, 방사선 피폭도 백내장의 원인이 되므로 주의해야 합니다.

백내장은 80대에 거의 100% 발병하여 서서히 진행되는 질병입니다. 백내장으로 인한 시력 저하는 삶의 질에도 영향을 미치므로 이상하다고 생각되면 안과 진료를 받아 보시기를 권합니다.

63

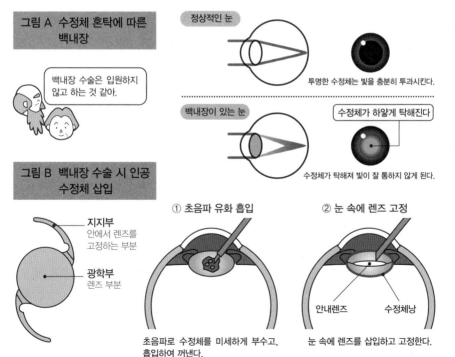

그림 A 수정체 혼탁에 따른 백내장

백내장 수술은 입원하지 않고 하는 것 같아.

정상적인 눈

투명한 수정체는 빛을 충분히 투과시킨다.

백내장이 있는 눈

수정체가 하얗게 탁해진다

수정체가 탁해져 빛이 잘 통하지 않게 된다.

그림 B 백내장 수술 시 인공 수정체 삽입

지지부
안에서 렌즈를 고정하는 부분

광학부
렌즈 부분

① 초음파 유화 흡입

② 눈 속에 렌즈 고정

안내렌즈   수정체낭

초음파로 수정체를 미세하게 부수고, 흡입하여 꺼낸다.

눈 속에 렌즈를 삽입하고 고정한다.

14 녹내장도 노화가 가장 큰 원인일까?

노화와 녹내장

최근 앞이 잘 보이지 않거나 시야가 좁아진 것 같습니까? 그렇다면 어쩌면 녹내장일지도 모릅니다.

녹내장은 눈에 받아들인 빛을 뇌로 전달하는 시신경에 이상이 생겨 시야가 좁아지거나 부분적으로 잘 보이지 않게 되는 질병으로, 제대로 치료하지 않으면 실명에 이를 수도 있습니다. 중심 시력이나 독서 능력에 영향을 미칠 때까지 환자가 눈치채지 못한 채 진행되는 경우도 많으며, 실명 원인 1위로 꼽히는 질환이기도 합니다.

녹내장 증상으로는 보이는 범위가 조금씩 좁아지는 것을 들 수 있는데(그림 A) 일상생활을 할 때는 보통 양쪽 눈으로 사물을 보기 때문에 한쪽 눈의 시야를 반대편 눈으로 보완하고 있어서 자각하기가 쉽지 않습니다.

눈꺼풀 위에서 눈을 만지면 풍선과 같은 탄력이 있습니다. 이는 눈 속을 흐르고 있는 액체(방수)가 일정한 압력을 유지하고 있기 때문인데, 이 **방수에 따른 안구 내 압력**을 '안압'이라고 합니다. 눈에는 '각막', '수정체', '유리체' 등 빛이 지나는 투명한 조직이 있는데, 방수가 혈관 대신 영양을 주는 역할을 합니다. 사실 **안압이 녹내장의 주된 원인**이라 할 수 있습니다(그림 B). 노화로 조직이 단단해지면 배수구 부분인 방수의 출구가 막히기 쉬워 안압이 올라갈 수도 있고, 안압 때문에 눈 속의 시신경이 점점 약해질 수도 있습니다. 이상이 있는 신경은 원래대로 돌아가지 않으므로 빨리 발견하여 안압을 낮추는 치료를 받는 것이 무엇보다 중요합니다.

녹내장은 노화가 가장 큰 원인을 차지하는 질환입니다. 40세 이상 중고령자 20명 중 1명이 걸리는 대표적인 질병 중 하나이기도 합니다. 녹내장, 당뇨병으로 인한 합병증인 당뇨병성 망막병증과 노화 황반변성증도 노화가 가장 큰 요인입니다. 중장년에 접어들었다면 눈 건강검진은 필수라 할 수 있습니다.

그림 A 녹내장이 일으키는 시야 장애의 진행 상황(이미지)

| 정상 | 초기 | 중기 | 말기 |

정상	시신경유두라는 곳에는 빛을 느끼는 세포(시세포)가 없기 때문에 사람 눈에는 정상이라도 '맹점'이라는 보이지 않는 곳이 있다.
초기	자각증상이 거의 없다.
중기	반대편 눈으로 보거나 눈을 움직여 사물을 보기 때문에 보이지 않는 곳을 의식하지 못하는 사람도 많다.
말기	시야에 결손이 나타나 일상생활을 하는 데 지장이 많다.

그림 B 안구 단면도와 시신경 압박 구조

안압이 높아지면 시신경이 압박을 받아
시력이 저하된다.

참고: 건강 장수넷(공익재단법인 장수
과학진흥재단) 게재·Copyright ©guniita
/ 123RF 사진을 소재로 그림

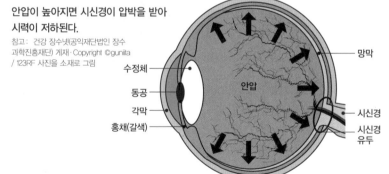

수정체
동공
각막
홍채(갈색)
안압
망막
시신경
시신경
유두

실명 원인 질환 베스트 5	
	질환명
1위	녹내장
2위	당뇨병성 망막병증
3위	망막색소변성
4위	(노화) 황반변성증
5위	맥락망막 위축(병적 근시)

참고: 후생노동성 보고서 (2017년)

요즘 왠지 오른쪽 안구가 아파.
안압이 올라가고 있나 봐. 녹내
장 걸리면 큰일인데 말이야. 나
이가 드니 정말 여기저기에 문
제가 생기는군.

15 피부가 노화되면 왜 주름이나 기미가 생기는 걸까?

피부 노화

'피부도 세월을 거스르지 못한다.'라는 말을 하지요. 한때 윤기가 자르르 흐르던 피부도 나이가 들면 예전 같지 않다고 느끼는 경우가 많습니다. 특히 30대 여성에게 이런 현상이 현저하게 나타나는데요. 여성의 피로와 피부에 대한 의식 조사에 따르면, 30대 초반에 눈 밑의 다크서클과 '거칠어진 피부', '칙칙한 안색'을, 30대 후반에는 입꼬리가 내려가고 모공도 처지는 것을 실감한다고 합니다. 그런데 타고난 피부도 생활환경이나 식습관에 따라 영향을 받는다는 사실을 잊어서는 안 됩니다. 무엇보다 자신에게 맞는 화장품과 먹는 음식이 중요하다는 것이죠.

노화는 피부를 손상시키는 가장 큰 원인 중 하나인데요. 피부에 영향을 미치는 노화에는 **가령 노화**와 **광노화**가 있습니다(그림 A).

'**가령 노화**(일반 노화)'란 나이가 들면서 변화하는 것으로, 피부의 주성분인 콜라겐이 당과 결합하여 피부의 수분이 빠져서 얇고 단단해지는 피부 노화를 말합니다. 가령 노화도 개인차가 있어 습도나 건조 등의 환경이나 식습관에 따라 달라지는 경향이 있는데, **피부의 상태도 중성 피부, 지성 피부, 복합성 피부, 건성 피부로 나눌 수 있습니다.** 피부의 상태에 맞는 화장품을 골라 써야 하는 이유가 여기에 있습니다.

'**광노화**'란 오랫동안 자외선에 노출된 피부 부위가 손상되면서 생기는 노화로, **주름이나 기미가 생기는 원인**이기도 합니다. 피부를 침구 매트에 비유하면, 스프링이 **엘라스틴**이고 옆의 그물망이 **콜라겐**, 그 사이를 메우고 있는 것이 피부 보습에 좋은 **히알루론산**이라고 할 수 있습니다.

피부가 자외선에 노출되면 엘라스틴이 탄력을 잃고 콜라겐이 굳어지면서 피부에 공극이 생기는데, 그게 주름이 되며 히알루론산의 보습성도 나빠집니다. 기미나 잡티가 생기는 것도 자외선의 영향이 큽니다. **피부는 턴오버**(Turn over)라고 해서 28~40일이

면 교체되는데, 자외선에 노출되면 피부 세포가 원기를 잃고 대사가 나빠지면서 멜라닌이라는 색소가 떨어져 나갈 수 없습니다. 그 결과 기미나 잡티가 생기는 거지요. 그러므로 **피부에 자외선을 쬐는 것은 백해무익**하다고 할 수 있습니다.

스트레스도 피부에 나쁜 영향을 미칩니다. 피부에 촉촉함을 유지하게 하는 여성호르몬이 피부에 가지 않으면서 피부의 수분이 줄어들고 콜라겐 생성에도 영향을 주는 거지요. 왜냐하면 정신적 긴장 상태에서는 스트레스 호르몬이 발생하고 혈관이 수축하기 때문입니다. 그렇다면 피부 노화를 막는 방법이 있을까요? 해결책은 있습니다. **생활환경과 식습관이 피부에 미치는 영향을 고려하고 자외선을 방어하면 피부 상태를 개선할 수 있습니다.** 당연한 것을 당연하게 실행하는 것이 중요한 것입니다.

67

스트레스 해소 차원에서는 거울을 보는 것도 좋습니다. 웃음이 복을 부른다는 말이 있듯이, 마음이 맞는 친구와 맛있는 식사를 하면서 따뜻한 시간을 보내는 것도 좋겠지요.

그림 A 피부가 노화하는 구조

가령 노화는 유전·환경·식습관에 따른 노화로, 피부가 얇아지는 특징이 있다. 광노화는 많은 양의 자외선에 노출되어 생기는 노화로, 주름이나 기미의 원인이 된다. 피부도 탄력성이 없어지고 두꺼워진다.

가령 노화

광노화

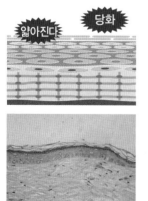
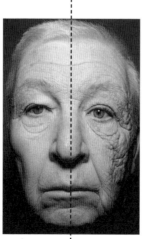
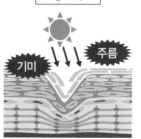
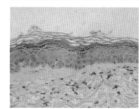

얼굴 사진: April 19, 2012 N Engl J Med 2012; 366:e25 DOI: 10.1056/NEJMicm1104059

16 피부가 건조하면 왜 가렵고 하얗게 각질이 일어나는 걸까?

노화와 피부 질환

성인의 피부 면적(체표면적)은 다다미(마루방에 까는 일본식 돗자리) 1장 분량이고, 피부 전체의 중량은 약 3kg, 피하조직을 제외한 두께는 1~4mm입니다. 피부 면적이 다다미 1장 분량이라는 말은 이해하기 어려울 수도 있지만, 몸을 뒤척일 때를 생각해보면 맞는 말인 것 같기도 합니다.

피부는 생체에서 가장 큰 장기로, 몸을 지키는 최전선입니다. 바이러스 감염을 막고 온도를 느끼는 감각기관 역할도 합니다. 길들여가면 순응한다는 말이 있듯이, 피부는 뜨거운 냄비를 들고도 견딜 수 있고 더운 여름도 참을 수 있지만, 단 무리는 금물입니다!

'건성 피부'란 피부의 수분이나 피지가 부족해 촉촉함이 없어지고 피부 장벽 기능이 저하되는 상태를 말합니다. 가렵고 흰 가루 같은 각질이 잔뜩 생기기도 하지요 (그림 A).

피부가 노화하면 기미나 잡티, 주름 등이 생기기도 하지만 피부가 얇아지기도 합니다. 피부 노화와 관련한 생소한 피부 증상으로는 피부가 찢어져서 생기는 상처인 **열상**이 있는데요. **마찰이나 긁힘이 원인인 이 상처는 주름이 많고 얇은 건성 피부인 사람과 자반증(피하출혈)이나 부종이 있는 사람에게 생기기 쉽습니다.**

이와 달리 가려움증을 일으키는 증상으로 **건선**이 있습니다. 건선은 염증성 각화증으로 피부 진피의 염증과, 표피가 두꺼워지고 각질층도 두꺼워지는 각화증이 동시에 일어나는 피부 증상이지만 감염되지는 않습니다. 피부 건선은 완치가 어려운 질환이지만, 치료법이 발전하여 오랜 기간 병이 나타나지 않도록 유도할 수는 있습니다.

나이가 들고 노화가 진행됨에 따라서 위험에 더 노출되는 피부 질환으로는 욕창이 있는데요. '욕창'이란 몸이 지속적으로 압박을 받는 경우 그 피부 부위의 혈액순환이 제대로 되지 않아 피부가 짓무르거나 상처가 생기는 것을 말합니다. 병으로 오랜 시간을 누워 지내는 탓에 영양 상태가 나쁘고 피부가 약할 때 나타나기 쉬운 증상입니다. 일단 욕창이 생기면 치료하기 어려우므로 예방이 무엇보다 중요합니다. 욕창을 예방하기 위해서는 욕창 방지 매트리스나 쿠션을 이용하고, 체위 변환은 물론 스킨 케어나 환자 교육, 운동요법·물리치료 등도 해야 합니다.

어쨌든 **피부는 건조하지 않게 관리해야 합니다.** 보습제를 효과적으로 사용해야 하는데, 그래도 가려움증에 대응하기가 어려울 수 있습니다. 가려움증은 피부 상재균이나 알레르기가 원인일 수 있는데, 겨울철 건조 시기에 가려움증이 악화하기 쉽습니다. 무심코 긁다가 상처가 악화되기도 하고 정신적인 요소에도 영향을 주기도 합니다.

피부 노화도 가려움증의 원인이 되므로 관리가 중요합니다. 보습제 등으로 적극적으로 대응하고, 필요에 따라 피부과 진료를 받는 것도 중요한 케어의 일환입니다.

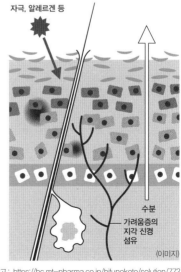

그림 A 건강한 피부와 건성 피부의 차이

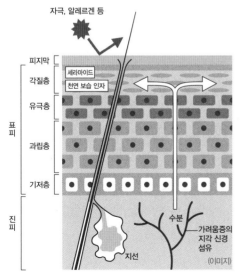

참고: https://hc.mt-pharma.co.jp/hifunokoto/solution/772

피부가 건조하면 왜 가렵고 하얗게 각질이 일어나는 걸까?

각종 콜라겐과 그 다양성

by 노무라 요시히로

현재 연구 중인 콜라겐은 사람 유래 단백질로 28종류가 있습니다. 가장 많은 것이 피부, 뼈, 힘줄의 구조를 유지하는 I형 콜라겐입니다. 연골에는 II형 콜라겐이 있는데 혈관이 침투하지 않는다는 특징이 있습니다.

피부의 진피와 표피 사이에는 IV형 콜라겐이 기저막을 형성하고 있습니다. 최근에는 어린아이 피부에 III형 콜라겐이 많다고 해서 베이비 콜라겐이라고 부르는 사람들도 있는데, 젊은 피부를 유지하는 데 베이비 콜라겐을 늘려야 좋다는 말은 아닙니다. 콜라겐의 종류가 다르면 기능이 다르므로 주의해야 합니다. 나이가 들수록 I형 콜라겐이 주체인 콜라겐 섬유가 발달하고, 조직이 탄탄해집니다. 그러므로 나이가 들면 III형 콜라겐을 늘리는 것이 좋다는 생각에는 의문이 듭니다.

나이가 들면 콜라겐은 자연스레 줄게 마련인데, 콜라겐 섬유끼리 손을 잡아버리는 특징도 있습니다. 콜라겐 섬유끼리 손을 잡아버리면 분해하기 어렵고 부러지지 않아 유연성을 잃습니다. 뼈의 콜라겐은 일정 강도로 높아지기는 하지만 유연성이 떨어져 반대로 부러지기 쉽습니다. 콜라겐은 뼈 건강에 대한 영향력이 크므로 나이가 들어도 콜라겐의 양은 많아야 좋습니다.

산업적으로 이용되고 있는 콜라겐의 원료는 소 껍질·뼈, 돼지 껍질, 틸라피아 껍질·비늘, 대구 껍질, 연어 껍질·연골 등입니다. 수산계 콜라겐의 이용이 늘어나더니 메기 껍질 등도 사용하기 시작했습니다. 콜라겐에 따라 물성이나 변성 온도가 다르기는 하지만 항원성이 낮다는 특징이 있습니다. 실제로 잇몸이나 피부 주입용으로 이용되고 있는 의료용 콜라겐은 우피 유래 콜라겐입니다. 하등동물인 해삼 콜라겐을 사용한 화장품도 있습니다. 콜라겐을 가열 처리하면 얻어지는 변성된 콜라겐을 젤라틴이라고 하는데, 예전에는 이것을 접착제에 사용하는 경우가 많았고

고형묵에 사용하기도 했습니다.

우리에게 익숙한 건 과자 재료인 젤리인데요. 물이 잘 녹는 젤리도 개발되고 있습니다. 냉동 파스타나 덮밥의 재료를 굳히는 데도 젤라틴이 사용되고 있고, 장어 구이를 맛있게 보이기 위해 젤라틴을 섞은 조미료로 빛깔을 내기도 합니다. 전자레인지용 조리 식품이 증가함에 따라 단단하게 굳히는 재료로 젤라틴을 사용하기도 해 이용 가치가 점점 늘고 있습니다.

껍질, 뼈, 비늘 등을 필요 없다고 버리는 것은 보물을 갖고도 썩히는 꼴입니다. 이것들은 여러 가지 형태로 사용할 수 있는 데다 콜라겐은 자연 친화적인 소재이니까요.

찰리 채플린이 1925년에 만든 무성영화 '황금광시대(The Gold Rush)'에는 눈보라가 몰아치는 산막에서 너무 배가 고픈 나머지 구두를 끓여 먹는 장면이 나옵니다. 옛날에는 가죽을 가공할 때 화학약품을 사용하지 않았기 때문에 끓여 먹을 수도 있었던 것입니다(맛은 없겠지만). 현재 가방이나 신발에 이용되는 가죽은 어린이가 잘못 씹거나 핥아도 위험 물질이 용출되지 않도록 처리되어 있습니다. 먹지는 못한다 해도 안전기준은 지키고 있는 셈입니다.

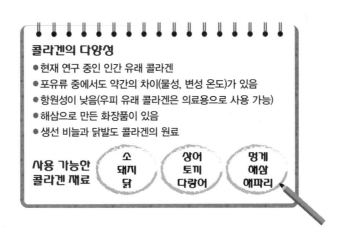

콜라겐의 다양성
● 현재 연구 중인 인간 유래 콜라겐
● 포유류 중에서도 약간의 차이(물성, 변성 온도)가 있음
● 항원성이 낮음(우피 유래 콜라겐은 의료용으로 사용 가능)
● 해삼으로 만든 화장품이 있음
● 생선 비늘과 닭발도 콜라겐의 원료

사용 가능한 콜라겐 재료
소 돼지 닭
상어 토끼 다랑어
멍게 해삼 애파리

17 소리가 잘 들리지 않는 것도 노화 때문일까?

노화와 난청

소리는 귀로 듣습니다. 아시다시피 소리가 잘 들리지 않는 것을 '난청'이라고 하는데, 과연 노화 때문일까요?

귀는 외이(귓바퀴에서 귓구멍, 고막까지), **중이**(고막 안쪽의 공동), **내이**(들림과 균형을 담당하는 센서)**로 구성**되어 있습니다(그림 A). 난청은 두 가지로 나뉘는데, **외이나 중이에 문제가 있어서 생기는 난청을 '전음 난청'**, 내이나 그보다 안쪽(청신경이나 뇌)에 문제가 있어서 생기는 난청을 '감음 난청'이라고 합니다.

그렇다면 난청은 노화 때문에 생기는 것일까요? 맞습니다. **노화로 생기는 노화성 난청이 바로 감음 난청입니다.**

내이에는 '와우'라는 소리를 담당하는 기관이 있습니다. 달팽이 껍데기처럼 생겼다고 해서 와우(蝸牛)라고 하는데, 이 달팽이 껍데기 입구 쪽(굵은 쪽)에서 안쪽(가는 쪽)을 향해 높은 소리부터 낮은 소리를 담당하는, 털이 있는 **세포**(유모세포)가 피아노 건반처럼 차례로 나열되어 있습니다. **유모세포에는 소리를 감지하고 증폭하는 기능이 있**는데, **노화 때문에 세포의 수가 줄어들거나 털이 빠지거나 하면 서서히 기능이 저하됩니다.** 내이와 뇌를 연결하는 신경이나 뇌의 기능에 변화가 생기는 것도 노화성 난청과 관련이 있습니다(그림 B).

노화성 난청은 주로 높은 소리부터 진행되기 때문에 일본어로는 처음에 **카행**(카키쿠케코), **사행**(사시스세소), **하행**(하히후헤호) **같은 소리부터 듣기 어려워집니다.** 반면에 모음인 **아이우에오는 낮은 소리이기 때문에 비교적 듣기 좋은 편입니다.**

난청이 진행되면 다양한 요인 때문에 소리가 들리기는 해도, 상대방이 무슨 말을 하는지 못 알아들을 수도 있습니다.

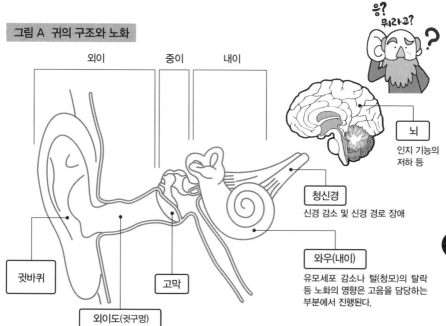

그림 A 귀의 구조와 노화

외이 중이 내이

뇌
인지 기능의 저하 등

청신경
신경 감소 및 신경 경로 장애

와우(내이)
유모세포 감소나 털(청모)의 탈락 등 노화의 영향은 고음을 담당하는 부분에서 진행된다.

귓바퀴

고막

외이도(귓구멍)

노화성 난청은 가벼운 증상도 포함하면 65세 이상의 약 30%, 75세 이상의 약 절반, 85세 이상의 약 80%에서 생기는데요. '고령', '소음', '남성', '흡연', '당뇨병', '동맥 경화' 등이 노화성 난청의 위험 요인이라고 볼 수 있습니다.

지금까지 늙지도 않고 죽지도 않는 불로불사의 세계에 산 사람은 단 한 명도 없었습니다. 그런 의미에서는 **나이 들면 누구나 노화성 난청이 생길 수 있다**고 봐야 합니다. 난청의 정도나 진행 상태에 개인차가 있긴 하지만 말이죠.

난청이 진행되면 주변 사람들과 원활한 의사소통을 하기 어렵습니다. 그러면 대화가 잘되지 않는 데서 오는 외로움을 느낄 수가 있고, 이는 우울증과 치매로까지 이어질 수 있지요. 또한 안전사고의 위험도가 높아집니다. 소리가 안 들려 위험신호를 알아채기 힘들면 사고의 우려도 있는 것입니다.

노화성 난청은 가족이나 친구 등 주변 사람들은 알고 있는

데도 본인은 난청을 자각하지 못하는 사람도 있고, 자신이 난청임을 인정하지 않는 사람도 있습니다. 자기 자신의 노화 현상을 인정하지 않는 것입니다.

노화성 난청은 다행히 보청기로 어느 정도 대응할 수 있으므로 **보청기를 이용하는 것이 삶의 질(QOL)을 유지하는 데 도움이 될 것입니다.** 또 나이가 들었기 때문에 생기는 노화성 난청이 아니라, 어쩌면 난청을 일으키는 질병이 숨어있었을지도 모릅니다. 난청을 자각했다면 나이가 많으니 어쩔 수 없다고 포기하지 말고 다른 사람들과 더 나은 의사소통을 하기 위해서뿐만 아니라 치매를 막기 위해서도 주저하지 말고 이비인후과 진료를 받아보는 것이 좋습니다.

그림 B 다방면에 영향을 미치는 난청

● 말하는 소리가 들리지 않아 삶의 질이 떨어진다.

● 가족이나 친구와 소통하기 어렵다.

● 치매 발병 위험이 커진다.

● 소리를 알아들을 수 없기 때문에 위험을 감지하기 어렵다.

18 노화로 모발이 가늘어지거나 대머리가 되는 것은 유전 때문일까?

노화와 탈모

고대 로마제국의 정치인이자 철학자인 세네카(기원전 4~65년)는 자신의 대머리 상태를 "머리가 벗겨진 게 아니라 머리카락보다 내 키가 클 뿐이다."라고 재치 있게 말해 웃음을 자아냈습니다. 반면 소프트뱅크 손정의 회장은 "머리카락이 후퇴하는 게 아니라 내가 전진하는 것이다."라며 자못 공격적인 경영자답게 자신의 대머리를 표현했습니다. 아무튼 대머리에 대한 두 사람의 변명(?)이 왠지 모르게 애잔하게 느껴집니다.

남성형 탈모증(Androgenetic Alopecia, AGA)은 사춘기 이후 이마나 정수리부터 머리카락이 빠진 후 다시 생성되지 않아 머리숱이 자연스럽게 줄어드는 증상을 말하는데요. 연령에 따라 약년성 탈모증(10대 후반~20대 초반), 장년성 탈모증(30~50대), 노인성 탈모증(60대 이후)으로 나눌 수 있습니다.

남성형 탈모증(AGA)은 남성호르몬인 테스토스테론의 부산물 중 하나인 디하이드로테스토스테론(Dihydrotestosterone, DHT)이 헤어 사이클(모주기)을 비정상적으로 만들어 모발이 굵게 자라기 전에 탈락해버린 상태입니다. 테스토스테론에 5α 레덕타아제가 작용하여 DHT가 합성되고 이것이 모유두세포의 수용체에 결합함으로써 형질전환 증식인자(Transforming Growth Factor, TGF)-β가 증가합니다. 그 결과 모주기 퇴행 신호인 섬유아세포 증식인자(Fibroblast Growth Factor, FGF)-5를 생성해 탈모를 진행시키는 것입니다. 즉, 자라는 모발의 개수보다 빠지는 모발의 개수가 늘어가는 겁니다. 상대적으로 머리숱이 자연스럽게 줄어들면서 대머리 현상이 두드러지게 나타나는 거지요.

탈모의 원인은 남성호르몬의 양이 아니라 DHT를 합성하는 5α 레덕타아제라는 효소의 활성화와 모근에 존재하는 DHT 수용체의 영향이라고 볼 수 있습니다.

그림 A AGA의 진행 패턴

해밀턴 노우드(Hamilton Norwood) 분류
(AGA를 9가지 유형으로 분류)

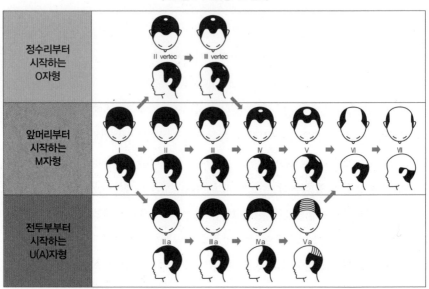

정수리부터 시작하는 O자형	II vertec · III vertec
앞머리부터 시작하는 M자형	I → II → III → IV → V → VI → VII
전두부부터 시작하는 U(A)자형	IIa → IIIa → IVa → Va

그림 B 머리숱이 적어지는 구조

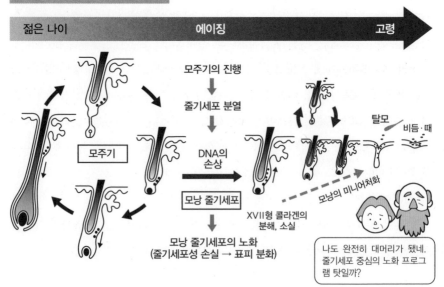

젊은 나이 ─── 에이징 ─── 고령

모주기의 진행

줄기세포 분열

DNA의 손상

모주기

모낭 줄기세포

모낭 줄기세포의 노화
(줄기세포성 손실 → 표피 분화)

XVII형 콜라겐의 분해, 소실

모낭의 미니어처화

탈모   비듬·때

나도 완전히 대머리가 됐네.
줄기세포 중심의 노화 프로그램 탓일까?

남성형 탈모증의 진행 패턴은 해밀턴 노우드 분류를 참고해보면 알 수 있듯이 **O자형, M자형, U자형**이 있습니다(그림 A). 이른바 대머리의 탈모 유형인 거지요. 대머리는 9가지 패턴으로 진행되는데, 각 패턴에 맞게 치료하는 것이 중요합니다.

"부모가 대머리면 자식도 대머리가 되는 거냐?"라고 묻는 사람들이 있는데요. 안타깝게도 모든 대머리는 유전되므로 부모가 대머리면 자식도 대머리가 될 가능성이 아주 큽니다.

남성형 탈모증에서 머리숱이 적어지는 원인인 모근 수용체의 결합 강도는 **외가 쪽에 대머리 조상이 있으면 유전인자를 갖게 되고**, 아버지가 대머리 혹은 조상 중에 대머리가 있을 때에도 머리숱이 자연스럽게 줄어 대머리가 될 가능성이 있습니다. **이것은 DHT를 합성할 때 작용하는 효소 5α 레덕타아제의 활성이 유전되기 때문입니다.**

유전인자가 없어도 생활 습관이 나쁘거나, 수면 시간이 극단적으로 짧거나, 영양 불균형이거나, 음주량이 많거나, 흡연자와 같이 나쁜 환경요인이 있으면 모주기가 비정상적이 되어 머리숱이 줄어들 가능성이 커집니다. 과도한 스트레스도 탈모의 원인이고요.

여성 탈모의 원인은 환경 인자나 갱년기, 호르몬 불균형, 질병 때문일 수 있습니다. 노화에 따른 탈모는 장년성 탈모라고 하는데, 갱년기에 발병하기 쉽습니다. 폐경 후 여성호르몬이 감소하면서 머리숱도 줄어드는 거지요.

머리숱이 줄어드는 구조도 조금씩 밝혀지고 있습니다. 먼저 모낭 줄기세포가 분화하여 각화 세포가 되고 비듬·때로 벗겨집니다. 노화에 따라 모낭 줄기세포 유전자가 손상을 입어 모주기 진행이 느려지고 점차 모낭이 작아져갑니다. 그 결과, 머리숱이 줄어드는 구조입니다(그림 B). 모주기에도 줄기세포를 중심으로 한 노화 프로그램이 있다는 거지요.

탈모의 원인이 되는 것은 앞서 설명한 DHT 호르몬의 영향입니다. 탈모를 억제하는 데는 AGA 치료제가 있습니다. AGA 치료제는 의사의 처방전이 필요한 먹는 약입니다. 머리숱이 적어 고민이라면 피부과를 방문해 상담해보는 게 좋을 것입니다.

19 백발은 유전과 노화, 어느 쪽이 원인일까?

노화와 흰머리

고대 로마인의 평균수명은 26세로 알려져 있습니다. 20~25세 정도라는 설도 있지만 어쨌든 수명이 짧았습니다. 영유아 단계에서 죽는 경우가 많았기 때문에 평균수명이 짧아진 겁니다. 고대 로마 시대 미라의 모발을 살펴보면 다갈색인데, 이는 모발 속 멜라닌이 산화되었기 때문입니다.

야생동물은 대부분 단명하기 때문에 흰털이 섞이지 않습니다. 하지만 가끔 노령견이 흰머리가 있는 것을 볼 수 있습니다. 그러고 보면 사람의 흰머리도 수명이 늘어났기 때문에 생긴 게 아닐까 하는 생각이 듭니다. 그런데 정말 그럴까요?

모발은 멜라닌 색소와 관련이 많습니다. 멜라닌이 많고 색소가 전체에 분산되어 있으면 검은 머리가 됩니다. 멜라닌이 적고 색소가 전체에 분산되어 있으면 금발이 되고, 멜라닌 색소가 거의 포함되어 있지 않으면 흰머리가 됩니다(그림 A).

흰머리가 되는 원인은 색소 줄기세포가 없어져 색소세포로 분화할 수 없고 모낭 뿌리에 멜라닌을 공급할 수 없게 된다는 데 있습니다. 노화에 따라 색소 줄기세포의 유전자가 손상돼 줄기세포가 소실되는 것입니다. 이것이 흰머리의 원인(그림 B)이기 때문에 역시 노화와 관련되어 있다고 할 수 있습니다(참고: https:///skip. stemcellinformatics.org/archive/voice/08/).

하지만 나이가 들어도 흰머리가 많이 생기지 않는 노인이 있습니다. 그건 왜일까요? 역시 흰머리도 대머리와 마찬가지로 유전되는 게 아닐까 생각합니다.

모발에 관한 조사 보고가 있습니다. 남미 5개국(브라질, 콜롬비아, 칠레, 멕시코, 페루)에서 6630명의 유전자를 분석한 건데요. 대상자의 모발, 눈썹, 수염의 형질 특징과 상관관계를 조사한 결과, 흰머리와 관련된 IRF4라는 유전자를 발견했다고 합니다 (Nature communications, 2016).

그림 A 멜라닌 색소와 모발 색

검은 머리

멜라닌 색소가 많다.

금발

멜라닌 색소가 적다.

백발

멜라닌 색소가 거의
들어있지 않다.

이 논문에는 '초기 인류가 진화한 고온의 적도 직하 지역에서는 곱슬머리가 특히 뇌를 식히는 데 도움이 됐을 것이다'라는 설명이 있습니다. 또한 직모는 인류가 북쪽이나 남쪽으로 이동하면서 보다 한랭한 기후에 적응한 데서 유래한 것일 수도 있다고 고찰하고 있습니다.

이러한 조사 보고에서 추정해보면, **흰머리는 노화가 큰 요인이지만, 모질 등은 유전**된다는 게 확실한 것 같습니다.

- 색소 줄기세포가 분화해 색소세포가 되고 모낭에 멜라닌을 공급한다.
- 노화되면 색소 줄기세포가 없어지고 색소세포를 모낭 뿌리에 공급할 수 없어 흰머리가 된다.

참고 : https://www.kao.co.jp/blaune/point/01/

그림 B 흰머리가 되는 구조

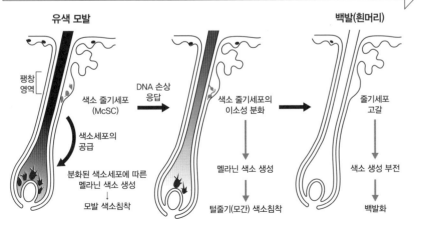

참고 : https://skip.stemcellinformatics.org/archive/voice/08/

백발은 유전자나 노화, 어느 쪽이 원인일까?

20 오줌이 잘 나오지 않는 것은 전립선 비대 때문일까?

노화와 방광·전립선 건강

방광은 저수조, 요도는 배수관에 해당합니다. 오줌이 신장에서 만들어져 요관을 흘러 방광에 고였다가 요도를 통해 몸 밖으로 배설되니까요. 그야말로 저수조와 배수관이라고 할 수 있습니다.

보통 **소변은 방광에 최대 400cc 정도 고이는데, 200cc 정도 고이면 요의를 느낍니다.** 요도의 길이는 **여자는 약 4cm**이고, **남자는 약 20cm입니다**(그림 A).

소변을 모아 내보내는 건 방광에서 하지만, **소변 줄기는 방광의 수축 이완과 요도 통과성의 지배**를 받습니다(그림 B). 그러므로 소변이 잘 나오지 않는 증상이 나타나면 이 두 가지 요소 중 하나 또는 양쪽에 원인이 있다고 할 수 있습니다.

나이가 들면 근육 주머니인 방광도 노화가 됩니다. 딱딱해져서 신축성이 악화하면 한 번에 고일 수 있는 양이 줄어드는데요. **방광은 고무주머니와 같아서** 탄력이 떨어지거나 적당량의 소변이 고이지 않으면 소변 줄기가 약해집니다. 방광 근육이 얇아져 밀어내는 힘이 떨어져도 소변이 잘 나오지 않습니다. 당뇨병이나 신경 질환이 있는 사람에게 이런 변화가 생기기도 하는데, 오줌을 너무 많이 참는 버릇이 있는 사람에게도 비슷한 증상이 나타날 수 있습니다.

그런데 **남성에게는 또 하나의 약점**이 있습니다. 방광 바로 아래에 전립선이라는 정액의 일부를 생성하는 장기가 있고, 요도가 그 안을 관통하는데요. 정확한 원인은 알 수 없지만 **50세 이후부터 전립선이 점차 커져서 비대해집니다**(그림 C). 그리고 **전립선비대 압박으로 요도가 좁아지면 방광 출구도 쉽게 열리지 않습니다.** 그래서 **소변 줄기도 약해지는 것입니다.** 전립선의 크기가 크지 않다 않더라도 전립선 전체가 딱딱해져 있으면 역시 요도가 잘 열리지 않습니다. 그 때문에 소변 줄기도 약해지는 거고요.

그림 A 남성과 여성의 방광과 요도

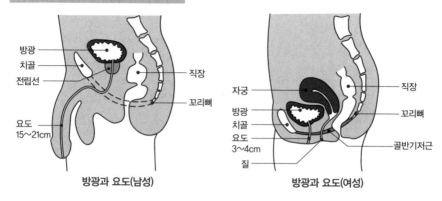

방광
치골
전립선
직장
꼬리뼈
요도
15〜21cm

방광과 요도(남성)

자궁
방광
치골
요도
3〜4cm
질
직장
꼬리뼈
골반기저근

방광과 요도(여성)

내 방광과 전립선이 이렇게 생겼구나. 여자와는 많이 다르네.

남성은 나이가 들면 이런 장애물을 만날 가능성이 커집니다. 자각증상이 있다면 부끄럽게 생각하지 말고 비뇨기과 문을 두드려보시기를 권합니다.

그림 B 오줌이 나오는 구조

참고 : 전국보험협회 홈페이지

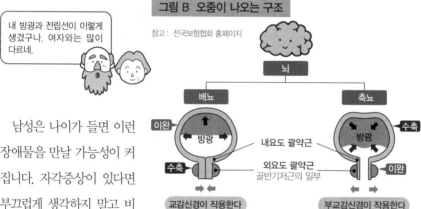

뇌

배뇨

축뇨

이완

방광

수축

방광

수축

내요도 괄약근

외요도 괄약근
골반기저근의 일부

이완

교감신경이 작용한다

부교감신경이 작용한다

그림 C 정상 전립선과 비대한 전립선

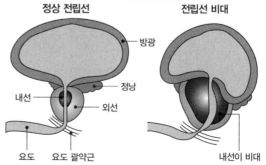

정상 전립선

전립선 비대

방광

정낭

내선

외선

요도   요도 괄약근

내선이 비대

21 요실금은 방광이 과활동하기 때문에 일어나는 걸까?

노화와 요실금

요실금은 삶의 질(QOL)을 크게 떨어뜨리는 원인 중 하나로, 크게 몇 종류로 나눌 수 있습니다. **소변을 참지 못하고 누설하거나**(절박성), **무거운 짐을 들어 올리거나 기침 혹은 재채기를 할 때 배에 힘이 가해지는 상황에서 소변이 새는 경우**(복압성)(그림 A), **또는 방광에 많은 양의 소변이 고여 넘치는**(일류성) **경우**가 있는데, **방광의 과활동으로 일어나는 경우는 주로 절박성 요실금**에 해당합니다.

'과민성 방광'이란 소변이 많이 고이지 않더라도 갑자기 참을 수 없을 정도의 매우 급작스러운 요의가 느껴져(요의 절박) 자신의 의사와 상관없이 소변을 보려는 반사적인 증상에 정상적인 빈뇨를 동반한 증상을 말합니다. 그 때문에 흔히 요실금이 나타나지만, 그렇다고 반드시 요실금이 나타나는 것은 아닙니다.

빈뇨에는 정식적인 정의가 없지만, **1일 배뇨 횟수 8회 이상**을 기준으로 삼고 있습니다. 또한 밤에 잠을 자다가 깨서 1회 이상 소변을 봐도 **야간 빈뇨**라고 합니다. 하지만 고령이 되면 한 번 정도는 자다 깨는 경우가 많으므로 수면에 지장이 없다면 2회 이상을 야간 빈뇨라고 합니다.

과민성 방광의 원인으로는 다음과 같은 것들이 있습니다.

- **뇌 신경병**
- **척수신경의 이상**
- **전립선비대증**(남성)
- **골반기저근이나 인대의 쇠약**(여성)

즉 노화가 원인 중 하나지만 이외에 원인이 불분명한 특발성도 많습니다.

과민성 방광은 방광에서 뇌에 보내는 '오줌이 고였다.'라는 신호와 뇌가 보내는 '오줌을 배출해도 된다.'라는 지령의 균형이 깨진 상태라고 할 수 있습니다. 그렇지만 소변의 절박감이 생기는 계기는 개인에 따라 다릅니다. 대표적인 계기라 한다면 **손을 씻거나 양치질을 하거나 흐르는 물소리를 듣는 것** 등입니다.

과민성 방광을 치료하는 데는 방광에 소변을 채우는 훈련이나 골반기저근을 단련하는 체조가 도움이 되며(그림 B·그림C), 약을 함께 쓰기도 합니다.

그림 A 복압성 요실금과 절박성 요실금

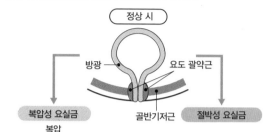

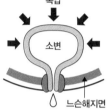

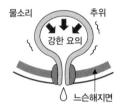

재채기나 기침을 하거나 갑자기 뛰거나 무거운 짐을 들어 올리는 등, 복압이 가해지면 소변이 누설된다. 여자에게 많다.

돌발적인 요의 절박감 때문에 화장실에 가기 전에 소변이 누설된다. 방광 근육의 과활동(배뇨근 과활동)이 원인이다.

요실금은 방광이 과활동하기 때문에 일어나는 걸까?

그림 B 방광 훈련

방광에 소변이 충분히 채워지도록 최대한 참으며 배뇨 감각을 기른다.

그림 C 골반기저근 체조

질과 항문을 여러 번 조였다가 풀어 요도의 닫는 힘을 강화하는 운동. 여성에게 많은 복압성 요실금 치료에 사용되는 골반기저근 체조이며 과활동 방광에 따른 절박성 요실금에도 효과적이다.

바로 누워서

의자에 앉아서

테이블에 손을 대고

참고 : 전국보험협회HP

22 노화하면 대뇌가 위축된다는 게 사실일까?

노화와 뇌 수축

이 항목의 주제는 뇌 위축(점차 뇌가 작아지고 굳어지는 질환)이므로 신경세포 노화의 관점에서 개략적으로 설명해보겠습니다.

뇌는 신체의 일부입니다. 건강한 사람도 생리적 노화를 경험하듯이 **나이가 들면 뇌도 자연스럽게 노화**합니다. 뇌의 노화는 주로 신경세포와 혈관에서 일어납니다. 그러므로 우선 알아야 할 것은, '**신경세포의 수가 점점 줄어들면 뇌 위축이 일어난다.**'라는 사실입니다.

우리 **호모사피엔스 성인의 뇌의 무게는 1300g 전후**인데요. 이 안에 **140억 개나 되는 신경세포**가 있습니다. 스무 살쯤에 뇌의 무게가 최고가 되는데 그 이후에 조금씩 노화가 시작되면 **매일 약 10만 개씩 신경세포 수가 줄어든다**고 합니다. 그 때문에 90세 무렵에는 정상인이라도 젊은 사람에 비해 뇌의 무게가 5~10% 정도 가벼워집니다(그림 A). 그렇다면 뇌의 위축은 어느 부위에서 눈에 띄게 일어날까요? 보통 일반적인 노화(생리적인 노화)라면, **그림 B와 같이 전두엽 배측부와 측두엽 내측부에 두드러지게 나타납니다.**

전두엽은 뇌 전체의 사령탑 역할을 하는 동시에 의욕을 불러일으키고 감정을 조절하므로 인간에게는 가장 중요한 부위입니다. 그리고 **측두엽**은 기억이나 언어를 담당하는 부위입니다.

그런데 **일반적인 노화에서는 읽고 쓰고 계산하고, 공간 인식을 담당하는 두정엽과, 시각 등을 관장하는 후두엽의 위축은 두드러지지 않습니다.**

그렇다면 이러한 노화에 따른 대뇌 위축이 사람에게는 어떤 영향을 미칠까요?

대뇌가 위축되면 **의욕이 떨어지기도 하고 생각하기 싫거나 움직이기 귀찮다고** 느끼기도 합니다. 뿐만 아니라 기억력과 계산 능력이 떨어지기도 하며, 희로애락에 대한 감정이 이전보다 뚜렷해서 성격이 변한 것처럼 느껴지기도 합니다. 그런데 이 정도로는 일상생활을 하는 데 별 지장이 없습니다.

하지만 건망증이 일상생활에 영향을 준다면, 일반적인 노화가 아니라 어떤 질병이 시작되었을 가능성도 있으므로 그냥 지나쳐서는 안 됩니다. 왜냐하면 **생리적 노화에 따른 뇌 위축이 아닌 경우가 정말 많거든요.**

실제로 뇌 CT나 MRI 검사를 해보면, 뇌 위축의 원인이 노화가 아닌 경우가 많습니다. 알츠하이머병이나 파킨슨병 같은 신경세포 질환, 뇌경색 같은 혈관 장애, 알코올이나 각성제 남용 등에서도 뇌가 위축되는 현상을 볼 수 있습니다.

그러므로 부모님이나 배우자의 행동이 평소와 다르다고 느껴진다면, 노화 탓으로 넘기지 말고 즉시 의료기관을 찾아가 진찰을 받아보기를 바랍니다.

그림 A 젊은 사람의 뇌와 고령자 뇌의 차이

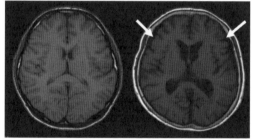

20세(왼쪽)와 87세(오른쪽)의 MRI 영상
나이가 들면서 전두엽 위축(화살표)이 두드러지고
이와 함께 중심에 있는 뇌실도 확대된다.

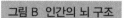

그림 B 인간의 뇌 구조

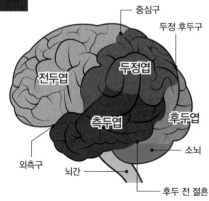

음, 뭐였더라?

중심구
두정 후두구
두정엽
전두엽
측두엽
후두엽
소뇌
외측구
뇌간
후두 전 절흔

노화하면 대뇌가 위축된다는 게 사실일까?

칼럼

얼굴이나 몸이 늙으면 전립선도 늙는다

by 편집부

안면 노화는 인간이 살아있는 한 막을 수 없는 자연의 섭리일 것입니다. '안티에이징(항노화)'이라는 말이 의학적인 예방의학의 의미에서 벗어나 정서적으로는 '노화가 진행된 몸을 다시 젊게 되돌리는 것'과 동의어로 사용되고 있습니다. 자신에게 좋을 대로 말의 의미를 일방적으로 바꿔 사용하는 사람이 많습니다. 현실적으로 나이는 거꾸로 먹을 수가 없습니다. 유전적 요소나 생활환경 개선 등으로 젊음을 유지할 수 있을지는 몰라도 항노화에는 한계가 있습니다. 그래서 지금은 '성공적 노화(Successful aging)'라고 해서 고령자가 언제까지나 힘 있고 건강하게 살아가기 위한 이른바 '멋지게 나이 드는 법'이 건강 수명의 핵심으로 떠오르고 있습니다.

늙는 것이 자연의 섭리라면 다양한 장기도 그 섭리를 피할 수는 없을 것입니다. 그중 하나가 전립선(80쪽)입니다. 배우 모리시게 히사야(1913~2009년) 씨는 60세 무렵 전립선이 노화되었을 때의 슬픔을 다음과 같이 표현했습니다.

"술이 들어가고, 분위기가 한창 고조될 즈음 조급한 마음으로 소변을 보고 자리로 돌아가려는데 왠지 바지 속이 젖어있는 듯했다. 아니 그럴 리가! 서둘러 볼일을 봤던 곳으로 되돌아가 다시 바지를 벗어보니, 아니나 다를까 팬티도, 바지도 축축하다.

예전에는 방뇨를 마친 느낌이 틀림없이 있었다. 아랫배를 확 당기면 잔뇨가 튀어나와 다 빈 것 같은 시원함이 온몸에 전해졌다.

요즘은 튀어나온 배가 방해해서 그것도 보일까 말까 하다. 들여다보면 얼핏 보이기는 하지만 영락해버린 그 모습에 울적함을 참을 수가 없어서 그만 집어넣는다. 그러면 이 축축함과 마주친다.

좀 추레한 이야기라고 비웃지 말기를…. 아무래도 나이는 밑에서부터 오는 것 같다.

옆에서는 아기 기저귀를 갈고 있다. 환갑이란 아이로 돌아가는 나이인가 보다."(화장실 방담, 『나의 자유석』, 중앙공론사, 1979년)

그냥 웃을 수만은 없는 이야기라는 생각이 드는 건 저뿐일까요? 젊은 사람들은 실감할 수 없겠지만, 남성은 나이가 들면 확실히 이런 비극을 겪기 쉽습니다. 아마 모리시게 히사야 씨는 전립선 비대였던 모양입니다.

전립선 비대가 진행되어 악화되면 전립선비대증이라는 질병이 됩니다. 게다가 어떤 데이터에 따르면, 이 병에 걸리는 비율(이환율)은 나이와 같은 퍼센티지라고 합니다. 50세에는 50%, 60세에는 60%, 70세에는 70%와 같은 비율인 거죠. 그러므로 70세가 넘으면 70%의 남성이 전립선 비대로 고민하게 될지도 모릅니다. 다만, 치료가 필요한 사람은 확률적으로 4명 중 1명이라고 합니다. 그렇다고 '나는 괜찮을 거야!' 하며 하찮게 봐서는 안 됩니다. 근거가 희박한 자의식으로 똘똘 뭉친 사람을 보면 남의 일이지만 좀 걱정이 됩니다.

● 전립선비대증 환자 추이

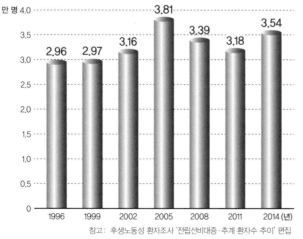

참고: 후생노동성 환자조사 '전립선비대증·추계 환자수 추이' 편집

23 노화로 심장의 혈관이 딱딱해지면 어떻게 되는 걸까?

노화와 동맥경화

노화가 되어 심장의 혈관이 딱딱해진 상태를 '동맥경화'라고 합니다. 심장에서 혈액을 내보내는 혈관이 동맥인데, 동맥은 산소와 영양분을 끊임없이 전신의 조직으로 운반합니다. **동맥의 구조는 내막, 중막, 외막이라는 세 층**으로 이루어져 있는데, 혈액과 접해있는 내막의 표면은 단층의 **내피세포**로 덮여있습니다(그림 A).

건강한 상태에서는 내피세포가 혈관의 수축이나 확장을 조절하고 혈관 내에 혈전이 생기지 않도록 막을 뿐 아니라 동맥경화로 진행되는 것을 예방하는 등 중요한 역할을 합니다. 예를 들어, 혈압이 높아지면 내피세포에서 혈관을 확장하는 물질을 생성·방출하여 혈압을 안정된 상태로 유지합니다.

동맥경화는 혈관 벽에 생기는 염증이라고 여겼기 때문에 이를 '**죽상동맥경화**'라고도 부릅니다.

내피세포가 손상되고 그 기능이 저하되면 동맥경화가 시작됩니다. 이러한 병적인 상태에서는 내피세포의 표면에 백혈구의 일종인 단구가 부착하여 세포 아래로 파고 들어가는데, 이것이 매크로파지로 바뀝니다. 매크로파지는 콜레스테롤 등 지방성 물질 등을 흡수하여 내막이 두껍고 죽과 같은 상태의 죽종을 생성합니다(그림 B). 이후 시간이 지나면서 죽종이 커지고 혈관 내강은 점차 좁아져 혈류를 방해합니다.

심장에 산소와 영양분을 보내는 혈관을 '**관상동맥**'이라고 하는데요. 이 관상동맥에 동맥경화가 진행되면서 **혈관 내강이 좁아지면 심장에 산소와 영양분이 부족해져 협심증을 일으킵니다.**

관상동맥경화가 더 진행되어 죽종이 터지면 그 부위에 혈소판이 응집하여(그림 C) 혈전(혈액 덩어리)을 만듭니다. 혈전 때문에 관상동맥 내강이 완전히 폐쇄되면(그림 D) **심장에 산소와 영양분을 운반할 수 없게 됩니다.** 그러면 **심장의 심근 세포가 괴사하여**

심근경색이 발병합니다.

죽상동맥경화를 진행시키는 주요 위험 인자는 이상지질혈증, 고혈압, 당뇨병, 비만, 음주, 흡연 같은 생활 습관병입니다. 동맥경화는 천천히 진행되어 증상이 나타나기까지 오랜 세월이 걸립니다.

동맥경화를 일으키는 위험 인자 수가 많으면 많을수록 협심증이나 심근경색 등 심혈관 질환 위험이 높은 것으로 알려져 있습니다. 외래 진료 시 초음파 검사를 통해 동맥경화의 진행 상황을 확인할 수 있으나 증상을 보인다면 때는 이미 늦습니다. 심혈관 질환 발병을 막기 위해서라도 식생활에 신경을 쓰고 생활 습관병을 치료하여 동맥경화로 진행되는 것을 막아야 할 것입니다.

나이 탓인지 나도 동맥경화가 진행되고 있는 것 같아. 10여 년 전에 목의 동맥이 경화되기 시작했다고 의사 선생님이 그러긴 했는데…. 근데 동맥경화가 노인들의 증상인 줄 알았는데 유아기부터 서서히 진행되다가 20~30세쯤에는 확실히 동맥경화가 나타난다고 하네.

아이고, 난 몰라. 어떻게 진행되고 있는지 선생님께 물어보고 예방법을 찾아 봐야지.

죽상동맥경화의 발병과 진전

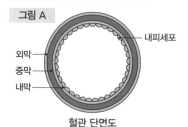

그림 A

내피세포
외막
중막
내막

혈관 단면도

정상적인 혈관 내강을 보인다.

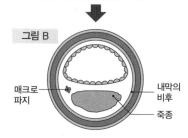

그림 B

매크로파지
내막의 비후
죽종

내막 비후와 죽종 형성으로
혈관 내강이 좁아진다.

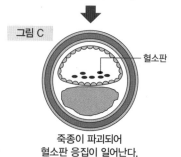

그림 C

혈소판

죽종이 파괴되어
혈소판 응집이 일어난다.

그림 D

혈전

혈전으로 혈관 내강이 폐색된다.

노화로 심장의 펌프질이 뻑뻑해지면 어떻게 되는 걸까?

24 노화로 인해 면역 기능이 떨어지면 어떻게 되는 걸까?

노화와 면역 기능

면역은 세균이나 바이러스로부터 몸을 보호하는 방어 시스템입니다. 이 항목에서는 전 세계에서 맹위를 떨치며 우리 생활을 대혼란에 빠뜨린 신종 코로나바이러스 감염증(코로나19)과 백신 접종을 일례로 설명하겠습니다.

약 50년 전에 '면역 기능 저하가 노화의 원인'이라고 주장하는 연구자가 있었습니다. **"65세 이상 고령자는 감염병으로 사망하는 경우가 젊은 사람에 비해 3~4배 많다. 독감(인플루엔자) 백신을 맞고 면역을 획득하는 비율도 젊은 사람들에 비해 절반 수준이다."** 이러한 역학적 조사를 근거로 노화가 면역 체계에 악영향을 준다고 주장한 것입니다. 이런 주장은 고령자들에게 코로나19 백신 접종을 적극적으로 권한 근거 중 하나가 되었습니다.

면역에는 **선천적으로 갖춰진 '자연면역(선천성 면역)'**과 **생활환경에 적응하면서 얻는 '획득면역(후천성 면역)'**이 있습니다(그림 A). 이물질이 피부 등 장벽을 통과하면 자연면역을 담당하는 **호중구**나 **매크로파지**가 식작용으로 이물질을 제거합니다. 나이가 들어도 호중구나 매크로파지 수는 크게 달라지지 않지만, 식작용 능력이 떨어지면 자연면역이 약해질 수밖에 없습니다.

후천적으로 바이러스 등에 노출돼 경험적으로 생기는 획득면역은 자연면역과는 다른 과정을 거칩니다. 몸속에 이물질이 침입하면 매크로파지가 먹은 이물질 가운데 일부가 **수지상세포**에 넘겨지고, T세포의 일종인 **헬퍼 T세포**에 알리는데요. 헬퍼 T세포는 사령탑으로서 B세포를 지휘하고 항체를 자꾸 만들게 하는 외에도, **킬러 T세포와 NK세포와 함께 대량의 이물질에 대항합니다**(그림 B).

T세포와 B세포 일부는 메모리 세포로 오랜 기간 살아남아 몸속을 돌아다니며 감염에 대비하고요. 이러한 작용으로 면역을 획득했다고 보는 것입니다.

나이가 들면 T세포가 많이 모여있는 흉선(흉골 뒤에 있는 조직)이 점점 작아지고 T세포의 공급이 적어지면서 결과적으로 획득면역이 약해집니다. 이것이 감염병에 걸리기 쉬워지는 원인입니다. 게다가 염증을 조절하는 능력도 약해집니다. 그 결과 만성 염증이라는 상태가 계속되면서 다른 조직의 기능을 떨어뜨리기 때문에 노화가 가속되는 것입니다. 그러므로 면역 기능을 유지하는 일이 무엇보다 중요한 것이지요.

그림 A 자연면역과 획득면역

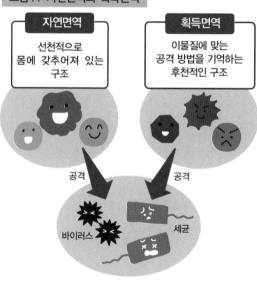

자연면역

선천적으로
몸에 갖추어져 있는
구조

획득면역

이물질에 맞는
공격 방법을 기억하는
후천적인 구조

공격   공격

바이러스   세균

면역 기능을 유지하는
일이 진짜 중요하지.

그림 B 여러 가지 세포가 이물질을 공격하는 구조

발견!   이물질

매크로파지

항원 게시

헬퍼 T세포

B세포

항체

형질세포

킬러 T세포

NK세포

25 노화하면 누구나 골량이 줄어드는 걸까?

노화와 뼈 건강

초고령사회 일본에는 골다공증 환자가 눈에 띄게 증가하고 있습니다. **여성은 여성호르몬인 에스트로겐 결핍에 따른 폐경 후 골다공증이 많고, 남성은 노화에 따른 노인성 골다공증**이 많습니다.

특히 여성은 폐경 후에 골량이 급속히 줄어드는데, 이것이 남성보다 여성에게 골다공증 환자가 많은 이유입니다.

건강한 뼈는 날마다 오래된 뼈가 없어지고(골흡수) 새로운 뼈가 생성되는(골형성) 골흡수와 골형성 과정을 반복합니다(뼈 리모델링 그림 A).

그런데 노화 때문에 골흡수와 골형성의 균형이 깨져 골흡수 속도가 골형성 속도보다 빠르면 뼈가 약해지면서 부러지기 쉬운 상태가 됩니다. 골밀도는 남녀 모두 **18~20세 정도에서 정점**을 찍고 40세 정도까지는 유지되지만 **50세 전후부터는 급격히 감소합니다(그림 B)**. 현재의 골다공증 판정 기준에 따르면, 골다공증 확률이 가장 높은 것은 50세 이상 여성인데요. **70세 이상에서는 약 절반 정도의 여성이 골다공증에 걸린다고 합니다.** 남성은 60세 이상부터 판정 기준의 대상이 됩니다.

골다공증의 원인으로는 **노화에 따른 호르몬 수치의 변화, 칼슘·비타민D·비타민K의 섭취량 부족, 운동 부족 등 나쁜 생활 습관**을 들 수 있습니다. 따라서 **골다공증을 예방하기 위해서는 균형 잡힌 식사를 통해 칼슘, 비타민D 등을 잘 보충하고, 하루 15분 정도 햇볕을 쬐고 뼈에 적당한 하중을 부여하는 운동**을 해야 합니다.

골다공증 치료제로는 현재 골흡수를 억제하는 비스포스포네이트 제제, 항RANKL 항체 제제, 골형성을 돕는 부갑상선 호르몬 제제, 항스클레로스틴 항체 제제 등 경증~중증까지의 골다공증 환자에게 잘 듣는 약들이 많이 나와있습니다.

고령자는 운동 기능이 저하되어 낙상 골절을 일으키기 쉬운 데다 운동하지 않는

나이 들면 골밀도가 줄어든다잖아. 넘어지면 큰일 나니까 정말 조심해야겠어.

부동 상태에서는 뼈와 근육의 위축으로 운동 기능 저하가 더욱 가속될 수 있습니다. 남녀 모두 운동은 무엇보다 중요하므로 적당한 운동을 습관화해야 할 것입니다.

그림 A 골다공증 환자의 골흡수와 골형성 밸런스

뼈를 부순다
골흡수

뼈를 만든다
골형성

골다공증 환자는 **골흡수**가 **골형성**보다 더 많이 일어나기 때문에 뼈가 약해진다. 그래서 **골절되기 쉽다.**

참고 : https://www.kohjin.ne.jp/liaison/liaison_02/contents_0201.html

정상 골밀도　　골다공증 환자

골밀도가 감소해 골다공증이 심하면 뼈 내부에 구멍이 숭숭 뚫린다.

참고 : https://kimura-cl.jp/internal-medicine/intenal-medicine-ophthalmic-medical/osteoporosis/

노화하면 누구나 골량이 줄어드는 걸까?

그림 B 골량이 증가하고 감소하는 연령별 추이

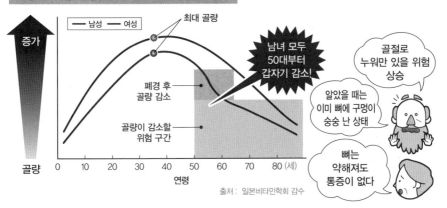

증가

━ 남성　━ 여성

최대 골량

남녀 모두 50대부터 갑자기 감소!

골절로 누워만 있을 위험 상승

폐경 후 골량 감소

알았을 때는 이미 뼈에 구멍이 숭숭 난 상태

골량이 감소할 위험 구간

뼈는 약해져도 통증이 없다

골량

0　10　20　30　40　50　60　70　80 (세)

연령

출처 : 일본비타민학회 감수

26 골다공증은 왜 여자들에게 잘 생기는 걸까?

노화와 골다공증

골다공증은 남성보다 여성이 더 걸리기 쉬운 질환 중 하나로, **65세 여성은 3명 중 1명, 75세 여성은 2명 중 1명이 골다공증에 걸린다고 합니다. 여성의 골다공증 발병은 노화뿐만 아니라 호르몬 균형의 변화와도 관련이 있습니다.**

특히 갱년기(폐경 전후 5년을 포함한 약 10년간)를 맞이한 여성은 폐경으로 여성호르몬인 **에스트로겐**이 급격히 감소하여 골다공증에 걸리기 쉽습니다(그림 A·그림 B). **에스트로겐 감소로 발병하는 골다공증을 폐경 후 골다공증**이라고 하는데요. 골량을 유지하는 작용을 하는 에스트로겐이 줄어들면 뼈를 녹이는 힘이 강해지고 골밀도가 감소하는 원인이 됩니다.

반면 **남성은 나이가 들어 남성호르몬 안드로겐이 감소하면 뼈가 약해집니다.** 그런데 에스트로겐만큼 급격하게 감소하는 것이 아니라서 뼈가 약해지는 속도가 여성보다는 완만합니다. 그 때문에 **현재의 골다공증 판정 기준에 따르면, 50세 이상 여성이 높은 비율로 골다공증에 걸립니다. 남성보다 이른 나이에 보다 높은 비율로 골다공증에 걸리는 것입니다**(그림 C).

폐경 후 잘 생기는 골다공증을 예방하는 데는 균형 잡힌 식사와 적당한 운동, 햇볕 쬐기가 매우 효과적입니다. 갱년기 이후뿐만 아니라 젊었을 때부터 최대 골량을 유지해야 골다공증 예방으로 이어집니다. 또한 **정기적으로 골밀도 검사를 받아 자신의 뼈 건강 상태를 아는 것도 중요**합니다.

현재 여성 폐경 후 골다공증 치료제로는 다양한 골흡수 억제제와 골형성 촉진제를 들 수 있는데요. 폐경으로 진행되는 에스트로겐 결핍에 대한 '에스트로겐 보충요법', 에스트로겐 부작용을 배제한 '선택적 에스트로겐 수용체 조절제' 투여를 통한 호르몬 요법도 향후 기대할 수 있는 치료법입니다.

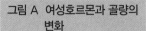

그림 A 여성호르몬과 골량의 변화

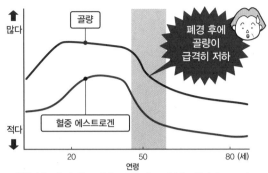

많다

골량

폐경 후에 골량이 급격히 저하

혈중 에스트로겐

적다

20   50   80 (세)
연령

참고 : https://better1.bayer.jp/kanenkino/home/relationship/osteoporosis

그림 B 골다공증 발생 빈도(연령별 & 남녀별)

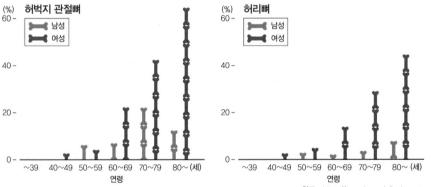

(%) **허벅지 관절뼈**
60 -
　　　남성
　　　여성
40 -

20 -

0 -
　~39 40~49 50~59 60~69 70~79 80~ (세)
연령

(%) **허리뼈**
60 -
　　　남성
　　　여성
40 -

20 -

0 -
　~39 40~49 50~59 60~69 70~79 80~ (세)
연령

참고 : https://www.honedaijoubu.com
riskfactor/person.html

그림 C 에스트로겐 수치의 정상과 저하 상태

폐경 이전 **에스트로겐 수치가 정상 상태**

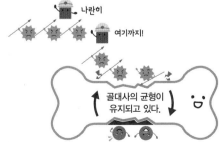

나란히

여기까지!

골대사의 균형이 유지되고 있다.

폐경 이후 **에스트로겐 수치가 저하 상태**

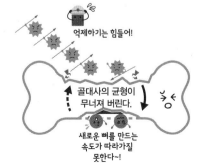

억제하기는 힘들어!

골대사의 균형이 무너져 버린다.

새로운 뼈를 만드는 속도가 따라가질 못한다~!

참고 : https://www.honedaijoubu.com/riskfactor/person.html
출처 : 골다공증 예방과 치료 가이드라인 2015년판

27 노화가 되면 왜 요통이나 무릎 통증이 생기고, 관절이 쉽게 변형되는 걸까?

노화와 관절 통증

"아침에는 네 발, 낮에는 두 발, 저녁에는 세 발로 걷는 것은 무엇일까요?"

너무나 유명한 '스핑크스의 수수께끼'입니다. 정답은 '사람'이지요. 이 질문에는 인간의 성장 발달과 보행 과정이 잘 담겨있습니다. 아기는 네 발, 어린아이부터 어른까지는 두 발로 걷다가 노인이 되면 허리가 굽고 무릎이 변형돼 지팡이를 짚고 걷게 됩니다. 그 때문에 노인이 되면 지팡이를 합쳐 세 발로 걷게 된다는 의미입니다.

허리는 요추라고 하는 5개의 척추뼈와 그것을 연결하는 추간판으로 이루어져 있습니다. **척추뼈는 나이가 들면서 변형되고**(추체의 가장자리에서 골극이라는 뼈가 튀어나온다), **추간판은 찌그러지면서 변형성 요추증이 발병**합니다. **뼈 자체도 약해져서 골다공증이 되고, 넘어지거나 노화로 자연스럽게 변형되어 압박골절**을 겪습니다. 이러한 변화 때문에 키가 줄고 허리가 휘게 되지요.

척추뼈 등 쪽에 있는 뼈 안에는 뇌에서 하지로 이어지는 **척수 신경전**이 통과하고 있습니다. **그 신경이 변형에 따른 협착으로 압박을 받으면 요부척추관협착증**이 됩니다(그림 A). 이러한 요추의 변형이나 압박골절, 요부척추관협착증이 악화하면 허리나 하지의 통증이 생기기 쉽습니다. 이렇게 되면 무릎도 무사히 넘어가기는 어렵습니다. 무릎관절은 거의 모든 체중을 지탱하는, 신체 이동 시 중요한 관절입니다. **노화로 관절연골이 마모되면서 관절 가장자리의 뼈에서 골극이라는 뼈가 튀어나옵니다.**

관절연골은, 주로 콜라겐이나 프로테오글리칸으로 이루어진 연골기질과 그 안에 **산재한 연골세포**로 이루어져 있는데요. 나이가 들면 연골기질의 질이 저하되고 효소에 의해 분해됩니다. 연골세포도 기능이 저하되어 기질 생성이 늦어지게 되고요. 그렇게 해서 결국 연골이 감소하여 변형성 슬관절증이 되는 겁니다(그림 B).

변형성 슬관절증이 진행되면 뼈와 관절 전체에도 변형이 와 O다리가 됩니다. 퇴행성 슬관절증에 걸리면 변형된 뼈 자체, 혹은 염증 때문에 통증이 생깁니다. 지팡이를 짚기 시작하면 때는 이미 늦습니다. 질병이 악화하기 전에 병원을 찾아 미리 대비해야 건강을 유지할 수 있습니다.

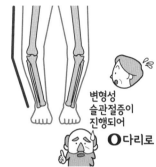

변형성 슬관절증이 진행되어 O다리로

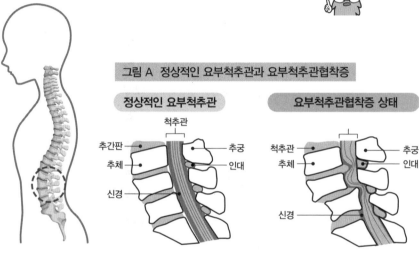

그림 A 정상적인 요부척추관과 요부척추관협착증

정상적인 요부척추관

척추관
추간판 — — 추궁
추체 — — 인대
신경

요부척추관협착증 상태

척추관 — — 추궁
추체 — — 인대
신경

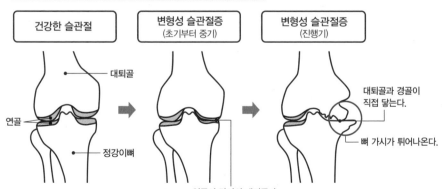

그림 B 무릎 연골이 닳아 변형성 슬관절증으로 진행

건강한 슬관절

대퇴골
연골
정강이뼈

변형성 슬관절증
(초기부터 중기)

변형성 슬관절증
(진행기)

대퇴골과 경골이 직접 닿는다.

뼈 가시가 튀어나온다.

연골이 닳아서 대퇴골과 정강이뼈 사이가 밀착되기 시작한다.

28 손발이 저리거나 마비되는 것도 노화 때문일까?

노화와 저림·마비 증상

흔히 손이나 발 등이 '저리다'는 말을 합니다. 하지만 실제로 저림 증상은 쑤시듯이 아프거나 저릿저릿한 느낌, 감각이 둔하거나 닿으면 싫은 느낌 등 다양합니다. 묵직함을 느끼거나 힘이 들어가지 않을 수도 있는데, 이런 증상은 모두 신경에 이상이 있기 때문에 나타나는 것입니다(그림 A).

지각신경은 손발의 신경 수용체에서 척수를 거슬러 올라가 뇌에 도달하고, 이와 반대로 운동신경은 뇌에서 척수로 내려가 손발 근육을 움직입니다(그림 B). 그런데 그 어딘가에서 장애가 생기면 저림 증상이나 운동마비가 일어납니다.

나이가 들어 동맥이 딱딱해지는 **동맥경화**가 되면 **뇌경색 같은 뇌혈관 장애가 발생할 확률이 높아집니다.** 그렇게 해서 뇌의 특정 부위 신경이 손상되면 손발 저림이나 운동장애가 일어나는 것입니다.

척수는 **척추뼈의 노화 현상인 변형성 척추증** 때문에 척수 자체나 거기서 갈라지는 신경근이 압박을 받을 수가 있는데요. 그러면 손발에 통증, 저림, 때로는 운동마비까지 생길 수 있는 겁니다.

고개를 쭉 빼고 위를 쳐다보거나 좌우로 돌렸을 때 손과 팔에 통증이나 저림이 있다면 경추가 원인입니다. **걸을 때 양쪽 다리에 저림과 통증이 생기는 때에는 요부척추관협착증을 의심**해볼 수 있는데요. 손가락의 제1관절의 노화 현상인 **헤버든 결절**(그림 C)이 있을 때에도 손가락 끝 저림을 호소하기도 합니다.

또한 **당뇨병으로 손발의 모세혈관에 장애가 생기거나 동맥경화로 하지동맥이 막히면 혈관성 신경 장애가 일어나 손발이 저리면서 감각까지 둔해집니다.**

뚜렷한 신경 장애가 없더라도 각종 스트레스나 노인성 우울증이 있으면 심인성 손발 저림을 호소할 수 있습니다. 당신도 지금 어딘가에 저림 증상을 느끼고 있습니까?

그림 A 저림 증상이 일어나는 이유

저림 증상의 원인은 다양하다. 뇌경색이나 변형성 척추증으로 신경이 손상되어 나타나기도 하고, 당뇨병이나 폐색성 동맥경화증으로 혈관성 신경성 장애가 생겨 나타나기도 한다. 또한 스트레스나 우울증 때문에 저림 증상이 나타날 수도 있다.

그림 B 지각신경과 운동신경의 전달

뇌

운동신경

지각신경

그림 C 손가락의 제1관절에서 일어나는 헤버든 결절

나이가 들어 손가락의 제1관절(DIP관절)에 헤버든 결절이 일어나면 저릴 수가 있다. 검지에서 새끼손가락에 걸쳐 첫째 관절이 붉게 붓거나 손가락이 휘어지기도 한다. 통증이나 물집 모양의 점액낭종이 생길 수도 있다.

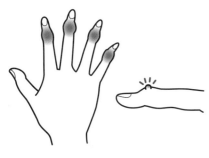

예전에 경추를 다쳐서 어깨에서 손까지 저린 적이 있었는데 목 스트레칭을 했더니 통증은 사라졌거든. 근데 저린 건 정말 싫어. 이제 나이도 들었으니까 뇌경색을 조심해야겠어.

손발이 저리거나 마비되는 것도 노화 때문일까?

근감소증·노쇠의 원인과 치료, 그리고 예방

by 노무라 요시히로

'근감소증(사르코페니아)'이란 근육(주로 골격근)이 양적으로나 질적으로 감소하고 근력이 저하되어 이동하기 힘들어진 상태를 가리킵니다. 영양학이나 노년의학을 연구하는 유럽의 학회에서 2010년에 제창한 개념으로, '보행속도가 1m/초 미만'이고 '악력이 남성 28kg 미만, 여자 18kg 미만'이면 근감소증일 가능성이 있습니다(2019년 개정).

근감소증의 원인으로는 노화에 따른 골격근의 변화, 즉 근 단면적의 감소, 속근 섬유의 감소, 근육의 에너지원인 미토콘드리아의 활성 저하, 산화 스트레스의 증대 등을 들 수 있습니다. 근감소증의 치료·예방에는 영양(고단백식→ 0.8g/kg/1일·비타민D)과 운동(저항운동·유산소운동)이 필요합니다.

한편 '노쇠'(근력 저하나 허약을 뜻하는 영어 frailty가 어원)는 신체뿐만 아니라 심리적으로나 사회적으로 쇠약해진 상태를 말합니다.

① 체중 감소, ② 보행속도 저하, ③ 악력 저하, ④ 피로감, ⑤ 신체 활동량 저하 중 3항목 이상에 해당하면 노쇠라고 진단합니다.

노쇠한 고령자는 돌봄이 필요한데, 입원이나 시설 입소를 막기 위해서는 조기진단을 통해 적절한 도움을 받는 것이 중요합니다.

노쇠에 앞서 언급한 근감소증뿐만 아니라 개인의 생활환경이나 인간관계도 뇌리에 영향을 미칩니다. 또한 당뇨병이나 심부전, 골다공증 등의 질환도 노쇠의 원인이 됩니다. 따라서 노쇠를 막기 위해서는 충분한 영양 섭취와 적당한 운동, 적극적인 사회참여, 병발증 관리 등 본인의 자각은 물론 가족 등의 적극적인 개입이 필요합니다.

● 근감소증(근력 저하)의 악순환

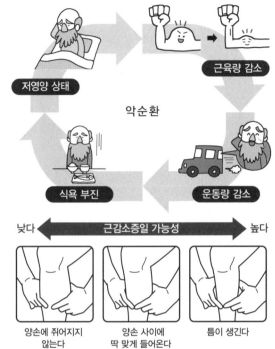

저영양 상태

근육량 감소

악순환

식욕 부진

운동량 감소

낮다 ◀━━━ 근감소증일 가능성 ━━━▶ 높다

양손에 쥐어지지
않는다

양손 사이에
딱 맞게 들어온다

틈이 생긴다

● 노쇠 진단

3항목 이상에
해당하면
'노쇠'라 진단

☐ 체중 감소

☐ 악력의 저하

☐ 피로감

☐ 보행속도의 저하

☐ 신체 활동량의 저하

29 부종이 잘 생기는 것도 노화 탓일까?

노화와 부종

　　　　　예전에는 그런 적이 없었는데 나이가 드니 얼굴이나 손발이 붓는다고 걱정하시는 분들도 계실 것입니다.

　　그런데 나이에 상관없이 얼굴이나 손발, 몸 전체가 부어오르는 경우가 있습니다(그림 A). 이것은 **신체 여러 곳이 동시에 붓는 '전신성 부종'으로, 사이질**(피부나 사람의 장기를 지지하고 있는 조직. 피하조직 등)에 **수분이 증가한 상태**입니다.

　　사이질의 수분양은 모세혈관에서 물을 밀어내는 힘과 혈관 내로 물을 되돌리는 힘의 차이, 즉 모세혈관의 압력과 교질삼투압(주로 혈액 속의 알부민과 글로불린에 따른 삼투압으로, 물을 혈관 내에 머무르게 하는 힘)에 **따라 결정**됩니다. 예컨대 심부전은 모세혈관의 압력이 높아 혈액의 수분이 사이질로 밀려나면 부종이 생기는 것입니다.

　　또한 저영양이나 간경변으로 혈액 속 알부민이 저하되면 교질삼투압이 떨어지는데, 그러면 사이질에서 수분을 회수하지 못하기 때문에 부종이 생깁니다. **사람이 나이가 들면 심장이나 신장의 기능이 쇠약해지기 때문에**(심부전, 신부전) **붓기 쉽습니다.** 나이가 들어 충분히 단백질을 섭취하지 못하거나 간경변을 앓다 보면 저알부민혈증을 일으키므로 역시 붓기 쉽습니다.

　　신체의 한 부분이 붓는 **'국소 부종'**은 **'정맥성 부종', '림프성 부종', '염증성 부종'** 때문에 발생합니다.

　　하지정맥류나 사지 혈전증이 있으면 정맥혈의 흐름을 방해하기 때문에 국소적으로 붓습니다. 림프관은 조직의 수분을 심장으로 되돌리는 혈관과는 다른 경로이지만, **관절염이 발생한 관절에 종창이 생기거나 암 수술을 받은 경우에도 림프액의 흐름이 방해를 받아서 부종이 생깁니다.**

　　염증도 부종의 원인입니다. 염증이 있으면 혈관의 투과성이 항진하고, 수분이 사이질로 흘러나와 국소 부종이 됩니다. 그러므로 국소 부종은 나이와 관계없이 일어날 수 있는 겁니다.

그러면 국소 부종을 빼려면 어떻게 해야 할까요? **부종 해소에는 하지 마사지와 비복근 운동 혹은 압박 스타킹이 필요합니다.** 운동은 무엇보다 체력을 향상하고 유지하는 데 중요한 일상 행동으로 필수적입니다(그림 B).

그림 A 전신이나 손발이 붓는 원인

부종은 여러 가지 원인으로 일어난다. 얼굴이나 손발뿐 아니라 온몸이 붓기도 하는데, 이런 전신성 부종은 심부전이나 신부전, 저단백증 등 때문에 일어나고, 국소 부종은 정맥이나 림프관 흐름 장애, 염증 때문에 일어난다.

그림 B 다리 체조로 부종 예방

발뒤꿈치 올리기 운동

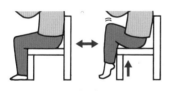

5회 2세트

발목 전후 운동

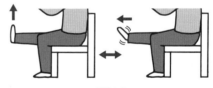

4초씩 2세트

양발 점프 운동

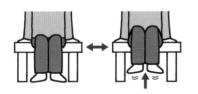

의자에 앉아서 양발 점프. 10초씩 2세트

발가락 오므렸다 펴기 운동

짝~   바싹~

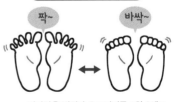

발가락을 벌렸다 오므리기를 5회 2세트

30 쉽게 피로를 느끼고, 피로가 잘 풀리지 않는 것도 노화가 원인일까?

노화와 피로감

일이나 운동을 많이 한 후에는 피곤함을 느끼게 마련입니다. 우리는 대체 왜 피로를 느끼는 걸까요?

'피로'를 과학적으로 표현하자면, '과도한 육체적·정신적 활동 또는 질병으로 생긴 독특한 불쾌감, 그리고 휴양의 욕구를 수반하는 신체 활동 능력의 감퇴 상태'이며, '작업 능률이나 작업 효율이 저하된 상태'라고 할 수 있습니다. 피로는 또한 통증, 발열과 함께 신체에 휴식을 촉진하는 생체 방어 기구의 하나입니다.

신체의 생리적 활동을 조정하는 것은 자율신경입니다. 요컨대 신체와 정신을 활발하게 하는 교감신경과 신체와 정신을 쉬게 하는 부교감신경이 균형을 이루면서 항상성을 유지하는 것입니다. 그런데 과도한 운동이나 정신적 스트레스에 노출되면 자율신경에 부하가 걸려 뇌가 손상을 받게 됩니다.

최근 피로의 분자학적 구조가 밝혀졌습니다. 피로가 발생하는 원인은, 신경과 근육이 과활동함으로써 생성되는 활성산소를 슈퍼옥사이드 디스뮤테이즈(Superoxide Dismutase, SOD) 같은 항산화 기구가 처리하지 못해, 과도한 활성산소가 신체의 단백질이나 세포 내의 여러 기관에 손상을 주기 때문이라는 것입니다(그림 A·그림 B).

나이 들면 뇌가 위축됩니다. 자립 신경의 기능도 둔해져 신체도 잘 조절할 수 없습니다. 즉, 신경에 스트레스를 유발하는 거지요. 항산화 작용이 있는 SOD의 기능은 성인 이후에 저하되기 때문에 산화 스트레스에도 취약해집니다. 산화 스트레스란 산화 비율이 높아져 발생하는 생체에 해로운 작용을 말합니다.

노화로 신체활동의 조절이 불충분하기 때문에 신경과 근육에 부하가 걸리고, 산화 스트레스 때문에 손상된 신체 조직의 회복력이 약해지기 때문에 피로가 잘 풀리지 않는다고 생각하면 이해하기 쉽습니다.

그림 A 몸에 나쁜 활성산소

활성산소 대량 발생

자율신경에 부하가 걸려 뇌에 손상을 준다

피로라고 인식한다

활성산소가 대량으로 발생하면 세포가 손상되고 면역력이 저하하며, 혈관이나 혈액이 손상을 입는다.

그림 B 활성산소가 몸에 미치는 악영향

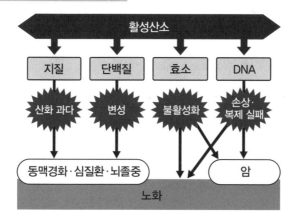

활성산소가 몸에 나쁘다는 소리는 많이 듣잖아. 아무래도 세포 내의 여러 기관에도 나쁜 영향을 미쳐서 병으로 몰고 가는 것 같아.

그뿐이 아니지. 나이 들면 쉽게 피로를 느끼는데, 회복도 잘 안 되잖아. 나이가 들면 안 좋은 일이 많이 생기는 것 같아.

31 노인 냄새는 어떤 냄새고 원인은 뭘까?

노화와 체취

'체취'란 땀이나 피지 등의 분비물과 피부 상재균의 작용으로 발생하는 냄새를 말합니다. 우리 몸에는 에크린땀샘과 아포크린땀샘 두 종류가 있는데요. 에크린땀샘은 피부 전체에 분포하고 아포크린땀샘은 겨드랑이와 하복부 등 특정 부위에 있습니다.

에크린샘에서 나오는 땀은 대부분 물인데, 이 물속에는 미네랄이 함유되어 있습니다. 아포크린샘에서 나오는 땀에는 단백질, 지질, 당질, 암모니아, 철분 같은 영양성분이 들어있습니다. 그 때문에 피부 상재균이 증식하기 쉽고 분해된 성분이 발효되어 땀 냄새가 나는 것입니다.

나이가 들면 체취도 변합니다. 10~20대에는 주로 땀 냄새이고, 30~50대에는 땀 냄새와 특이한 체취, 50대 이후에는 노인 냄새가 주를 이루게 됩니다(그림 A).

땀 냄새는 '온열성 발한', '정신성 발한', '미각성 발한'으로 분류할 수 있습니다. 땀 자체에는 냄새가 없으나 때나 피지 등과 섞이고, 이를 피부 상재균이 분해하면서 냄새가 납니다. 피부 속으로 미네랄 성분 등이 흡수되고, 재흡수가 따라가지 못하면 피부 표면으로 나오게 되는데, 여분의 성분을 많이 함유하고 있어 분비된 땀에서 냄새가 나는 것입니다. 우리는 긴박감이 넘치는 상황일 때 '손에 땀을 쥔다.'라고 하고, 오싹한 느낌이 들 때는 '식은땀이 난다.'라는 표현을 씁니다. 이는 정신성 발한이라 할 수 있습니다.

중년 남성 특유의 체취는 다음과 같은 3단계로 진행됩니다(그림 B). 에크린샘(땀샘)이 젖산을 함유한 땀을, 피지선이 피지를 분비합니다. 그 젖산과 피지를 두피의 상재균(포도상구균)이 분해합니다. 그러면 냄새를 유발하는 디아세틸과 중쇄지방산(중간사슬지방산)이 생기는데, 이 냄새가 섞이면서 중년 남성 특유의 체취가 발생합니다.

나이가 들면서 피지선 속 파르미트올레인산이 증가하고 동시에 과산화지질도 증가하는데, 이 과산화지질이 파르미트올레인산과 결합함으로써 분해·산화되어 생기는 게 노인 냄새의 근원인 노네날이라는 물질입니다.

몸이 피곤해도 냄새가 날 수 있습니다. 나이와 상관없이 피로가 누적되어 암모니아와 같은 피로물질이 쌓이면 간에서 처리할 수 없게 되는데요. 그 피로물질이 땀으로 배출되면 체취에 암모니아 냄새가 나게 됩니다. **체취에는 개인차가 있습니다. 몸 상태에 따라 체취가 변하고, 병에 걸려도 달라집니다.** 여담이지만, 암세포에도 냄새가 있다고 하는데요. 훈련된 개나 선충은 암세포 냄새를 맡을 수 있다는 보고도 있습니다. 그런데 냄새의 스트레스 수준은 그 냄새를 악취로 느끼느냐 아니냐에 따라 달라집니다. 사춘기든, 중년층이든, 고령층이든 냄새는 성장하고 있다는 증거입니다. 그러므로 무조건 무취가 좋은 것만은 아니라는 것을 알아야겠지요.

그림 A 연령대에 따른 냄새와 중년 남성 특유의 체취

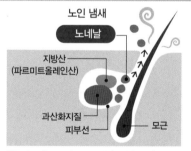

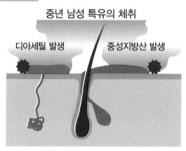

참고: http://www.wakunaga.co.jp/health/teach/17.html

참고: https://customlife-media.jp/middle-fat-odor

그림 B 나이에 따른 세 가지 냄새 변화

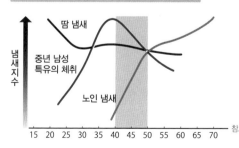

참고: https://customlife-media.jp/
middle-fat-odor

> 노인 냄새가 그렇게 고약한가?
> 아기는 젖비린내 나고, 젊은 애는 땀내 나고, 중년층은 중년 특유의 냄새가 난다고 하는데, 나이에 맞게 냄새가 나는 건 당연하지 않을까?

32 입냄새가 나는 원인이 뭘까?

노화와 입냄새

생리적인 입냄새는 누구나 어느 정도 갖고 있습니다. 신경이 쓰일 만한 **입냄새(구취)는 타액의 분비량에 영향을 받습니다.**

타액 자체에는 냄새가 없습니다. 타액은 세균을 씻어내는 역할을 하는데, 음식을 씹는 등 입을 움직이면 침샘이 자극되어 타액의 분비가 증가합니다. 하지만 잠을 자는 동안에는 타액이 줄어들기 때문에 아침에 일어났을 때는 입냄새가 심하게 날 수 있습니다(그림 A).

불쾌감을 주는 입냄새는 **혓바닥에 끼는 '설태'와 '치주 질환'이 원인**으로 작용할 수 있습니다(36쪽). 노화가 되면 타액 양이 감소하고 치주 질환이 진행되면서 구강 내 세균이 늘어나는데, 이런 것들이 입냄새를 악화시킬 수가 있습니다(그림 B).

늘어난 세균이 구강 내 음식물 찌꺼기 등을 분해할 때 발생하는 **휘발성 유황화합물(VSC)이라는 물질(가스)이 입냄새를 유발**하는데, 특히 설태에서 이러한 휘발성 유황화합물을 많이 생성하고 방출합니다. 휘발성 황화합물로는 '유화수소', '메틸메르캅탄', '디메틸설파이드' 3종류가 알려져 있습니다. 유화수소는 썩은 달걀 냄새, 메틸메르캅탄은 생선이나 양파 썩은 냄새, 디메틸설파이드는 음식물 쓰레기 냄새가 납니다. 양치질을 게을리하거나 의치(틀니)를 닦지 않으면 구강 내 세균이 점점 늘어나는데요. 그러면 휘발성 황화합물이 더욱 증가해서 입냄새가 심하게 나는 것입니다.

노화가 되면 구강 내에서 새로운 세균들이 더 늘어나 세균 지방산의 일종인 이소발레르산과 낙산이라는 물질을 생성하는데요. 이러한 물질은 발냄새나 양말 냄새 같은 시큼한 악취가 납니다. 이처럼 노화에 따른 입냄새는 휘발성 유황화합물뿐 아니라 세균 지방산도 입냄새의 원인이 되는데, 이 때문에 **나이가 들면 입냄새가 더 강해지는 경향**이 있습니다.

입냄새를 예방하기 위해서는 양치질을 잘하여 입안을 청결하게 유지하고, 정기적인 검진으로 치아에 붙은 치석을 제거하여 치주 질환을 예방해야 합니다. 요컨대 평소의 구강 관리가 중요한 것입니다.

입냄새의 원인은 여러 가지가 있잖아. 당신은 나한테 입냄새가 난다고 하는데 양치질도 잘하고 치실과 치간칫솔도 잘 쓰고 있거든.

이를 제대로 닦고 있다면 설태 때문인가 보네.

입냄새의 강도는 그때그때 다르다

그림 A 입냄새의 정도와 시간 경과

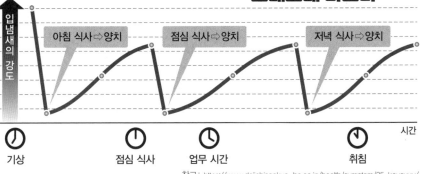

입냄새의 강도

아침 식사⇨양치   점심 식사⇨양치   저녁 식사⇨양치

시간

기상   점심 식사   업무 시간   취침

참고 : https://www.daiichisankyo-hc.co.jp/health/symptom/35_kousyuu/

그림 B 입냄새의 다양한 원인

욱~ 냄새.
아유~ 지독해

썩은 냄새
유화수소, 메틸메르캅탄
디메틸설파이드 등

침이 줄어들면 입냄새가 나기 쉽다.

설태가 많이 끼거나 치주 질환이 있으면 입냄새가 심해진다.

입안의 세균이 음식 찌꺼기 등 단백질을 분해한다.

칼럼

글루코사민과 무릎관절, 그리고 보충제의 효용

by 나카무라 히로시

글루코사민은 포도당에 아세틸기가 붙은 작은 분자(분자량 약 180)입니다. 연골 성분의 하나인 히알루론산은 글루코사민과 갈락토스가 길게 연결된 큰 분자이므로, 글루코사민도 연골 성분 중 하나라고 할 수 있습니다.

연골이 마모되면 '퇴행관절증(변형성관절증)'이 생기는데요. 1969년 독일 의사 보네(Bohne)가 글루코사민을 퇴행관절증 치료에 사용했다고 보고했습니다. 이후 유럽을 중심으로 글루코사민의 유효성을 보여주는 보고가 많았으나, 1997년 『관절염 치료(The Arthritis Cure)』의 저자 제이슨 테오도사키 박사가 제동을 걸었습니다.

2000년경부터 북미를 중심으로 발표된 임상 시험과 메타 분석(보고된 임상 시험을

● 글리코사미노글리칸을 구성하는 이당

	아미노산	우론산 / 헥소스
히알루론산	글루코사민	갈락토스
케라탄황산	글루코사민	글루쿠론산
콘드로이틴황산	갈락토사민	글루쿠론산

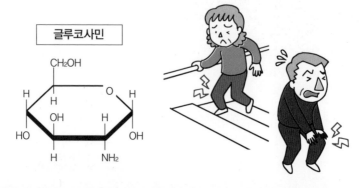

글루코사민

CH_2OH

종합적으로 분석하는 기법) 결과에서도 글루코사민의 유효성에 물음표가 붙었습니다. 그런데 아쉽게도 이것으로 의학적 합의가 이루어졌지요.

현재까지도 퇴행관절증에 효과가 있는 약물은 없는데요. 글루코사민의 효과를 부정한 보고는 진행된 퇴행관절증이 대상이었습니다.

한편 세포나 동물을 이용한 기초적 연구에서는 '글루코사민의 항염증 작용'과 '연골 분해 효소 억제 작용', '동물 모델의 퇴행관절증 예방 작용'이 밝혀졌습니다. 대규모 역학적 조사에서도 글루코사민 보충제를 사용한 경우 사망률이 저하되었다는 결과가 보고되었습니다. 그뿐 아니라 글루코사민에는 스트레스 단백의 유도나 오토파지의 활성화와 같은 항노화 작용이 있는 것으로 나타났습니다.

●**글루코사민은 연골의 구성 부분**

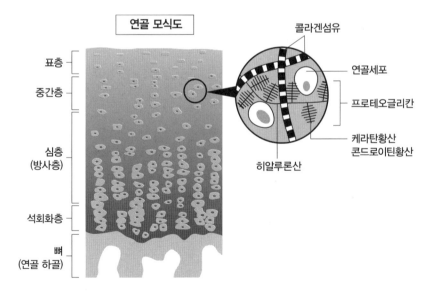

연골 모식도

표층
중간층
심층
(방사층)
석회화층
뼈
(연골 하골)

콜라겐섬유
연골세포
프로테오글리칸
케라탄황산
콘드로이틴황산
히알루론산

33 나이 들수록 암에 잘 걸리는 이유가 뭘까?

노화와 암

암 환자의 대다수는 고령자입니다. 노화와 암 사이에는 깊은 연결고리가 있다는 거지요. 초고령사회를 맞은 일본에서는 암 환자가 해마다 증가하는데, 그 이유는 무엇일까요?

가장 큰 원인으로는 생명의 설계도인 DNA와 관련이 깊다고 할 수 있습니다.

우리 몸은 37조 개나 되는 세포가 모여서 만들어지는데요. 세포에는 DNA라고 불리는 유전물질이 존재한다는 말은 들어봤을 겁니다. 1개의 세포가 분열되어 2개의 세포가 되려면 분열 전에 DNA를 복사하여 2배로 만들어두어야 합니다. 이를 **DNA의 복제**라고 하는데요. DNA 복제는 매우 정밀하게 행해지지만, 극히 드물게 오류가 일어나기도 합니다. 이러한 **DNA 복제 오류가 변이**인데요. **노화되면 DNA의 복구 능력이 저하**되기 때문에 DNA의 변이가 더욱더 축적되기 쉽습니다.

DNA 복구가 잘되지 않으면 DNA를 잘못 복제한 세포가 생성되기 때문에 **세포의 암세포화가 진행**된다고 볼 수 있습니다(그림 A).

암세포 증식에 중요한 유전자로는 종양억제유전자와 원발암유전자가 있습니다. 종양억제유전자는 보통 세포 증식을 막는 '브레이크'에 해당하고, 원발암유전자는 세포 증식을 가속하는 '액셀'에 해당하는데(그림 B) 이들도 평소에는 세포에 필수적인 유전자 기능을 합니다.

그런데 이들 유전자에 변이가 일어나면 세포 증식을 막는 브레이크가 걸리지 않게 되고, 액셀은 있는 힘껏 밟게 됩니다. 브레이크(종양억제유전자)와 액셀(원발암유전자) 중 하나의 기능이 정상이라면 대부분 종양화에 이르지는 않습니다. 하지만 **양쪽에 변이가 일어나버리면 세포는 증식에 대한 자제를 잃고 무한정 증식을 시작하는 암세포가 되는 것입니다.**

나이가 들면 그만큼 DNA 복제 오류가 생길 확률과 변이가 높아지고 세포 노화로 DNA 복구력도 떨어집니다. 그러므로 암이 잘 발생하는 것입니다.

암은 이외에도 복잡한 메커니즘으로 발생합니다. 하지만 노화된 세포의 DNA 복구력을 개선할 수만 있다면 암 발생을 막을 수 있지 않을까 생각합니다. 현대 의학의 발전과 함께 암 치료에 대한 연구도 더욱 진전되기를 기대해봅니다.

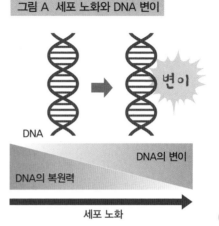

그림 A 세포 노화와 DNA 변이

113

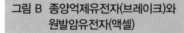

그림 B 종양억제유전자(브레이크)와 원발암유전자(액셀)

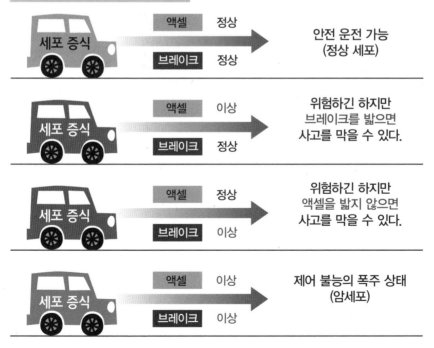

나이 들수록 암에 잘 걸리는 이유가 뭘까?

34 나이 들면 남성의 성욕도 줄어들까?

노화와 성욕

사춘기 이후 남성들의 머리를 지배하는 **성욕**은 테스토스테론이라는 남성호르몬의 소행입니다. 테스토스테론은 생식 기능의 유지뿐만 아니라 골격과 근육의 형성, 지방 축적 억제 같은 다양한 역할을 합니다. 남성이 남자답게 활동하는 원동력이 되는 호르몬인 것입니다.

테스토스테론은 95%가 정소에서 분비되고 나머지 5%는 부신 등에서 분비됩니다(여성에게도 남성호르몬은 존재). 테스토스테론의 분비량은 **제2차 성징**(남자는 11세 무렵부터, 여자는 10세 무렵부터)과 함께 증가하다 20대에 정점을 찍은 후 나이가 들면서 서서히 감소하는데요. 40대에서 60대가 되면 예기치 못한 상태 변화를 느낄 수가 있습니다. 다만 **성욕은 개인차가 매우 큽니다.** 가장 왕성한 생식능력을 기록한 남자는 101세에 아이를 낳은 미국의 제임스 스미스 씨인데, 그의 부인은 63살 연하입니다. 이런 슈퍼 할아버지는 예외의 경우이고, **나이가 들면서 테스토스테론은 감소합니다**(그림 A). 개인차는 있지만 성욕의 감퇴나 발기부전(Erectile Dysfunction) 같은 성기능 저하도 나타납니다. 성욕이 감퇴하면 성적 사고나 공상을 품는 일이 줄어들고, 성행위에 대한 흥미가 줄어들며, 실제 성행위 횟수도 줄어들기 쉽습니다. 시각이나 언어, 촉각에 따른 성적 자극을 받아도 성욕이 일어나지 않는 일도 있습니다.

발기가 잘되지 않거나 유지할 수 없는 상태가 '발기부전'입니다. 경도·발기력·지속 시간 중 어느 하나가 불충분해도 만족스러운 성행위를 할 수 없으므로 남성에게는 매우 충격이겠지요.

테스토스테론의 감소는 성기능에 대한 영향 이외에도 집중력·의욕 저하, 초조와 같은 정신적 증상뿐만 아니라 근력 저하나 비만, 대사증후군과 같은 신체 증상을 일으킬 수 있습니다. 또한 비만이나 대사증후군은 동맥경화를 진행시키고 나아가

뇌졸중이나 관상동맥질환(협심증이나 심근경색)의 위험을 높입니다.

원래 남성호르몬은 많은 질병의 위험에서 몸을 보호해주는, 건강 장수에 매우 중요한 호르몬입니다. 노화로 남성호르몬이 감소하는 것은 막을 수 없지만, 생활 습관 개선으로 진행을 늦출 수는 있습니다. 단백질이 적은 식사는 남성호르몬을 떨어뜨리므로 채소와 고기, 생선을 골고루 섭취하는 식습관이 중요합니다(그림 B).

또한 장기간에 걸친 강한 스트레스는 남성호르몬 분비에 악영향을 미치지만, **걷기 등 유산소운동은 남성호르몬 분비를 상승시키고, 양질의 수면 또한 남성호르몬 분비를 유지하는 데 중요**합니다. 일과 취미로 삶의 보람을 찾고 적당한 운동과 충분한 수면으로 건강한 생활을 한다면, 남성호르몬이라는 친구와 오래도록 함께할 수 있을 것입니다.

115

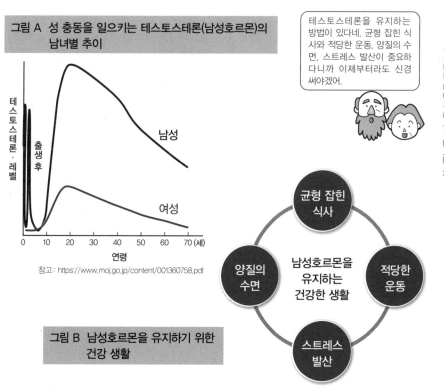

그림 A 성 충동을 일으키는 테스토스테론(남성호르몬)의 남녀별 추이

참고: https://www.moj.go.jp/content/001360758.pdf

테스토스테론을 유지하는 방법이 있다네. 균형 잡힌 식사와 적당한 운동, 양질의 수면, 스트레스 발산이 중요하다니까 이제부터라도 신경 써야겠어.

균형 잡힌 식사

적당한 운동

남성호르몬을 유지하는 건강한 생활

스트레스 발산

양질의 수면

그림 B 남성호르몬을 유지하기 위한 건강 생활

나이 들면 남성의 성욕도 줄어들까?

35 폐경이 성욕에 어떤 영향을 미칠까?

노화와 폐경

여성은 폐경이 되고 나서 성욕이 약해지는 경우가 있는가 하면, 오히려 강해지는 경우도 있습니다.

여성의 몸에도 **남성호르몬인 테스토스테론이 분비**되는데, 이 호르몬은 성욕과 관련이 있다고 알려져 있습니다. 테스토스테론은 부신에서 만들어지는데, 여성은 남성의 5~10% 정도로 적은 양이지만 혈중농도는 안정되어 있습니다.

갱년기가 되면 여성호르몬인 에스트로겐의 혈중농도가 현저히 떨어지기 때문에 상대적으로 남성호르몬이 우위를 점하면서 성욕이 강해지기도 합니다. 또한 임신에 대한 두려움이 없어지는 것도 심리적으로 성에 대해 적극성을 띠는 요인이 됩니다.

그런데 이와 달리 **갱년기에 접어들면서 에스트로겐 분비량이 저하하면 질 내 분비물의 양이 감소**하기 때문에 외음부의 피부가 건조해져 위축성 질염에 걸릴 수 있습니다. 이 때문에 **성관계 시 통증 때문에 성욕이 없어져 버리는 경우**도 있습니다.

여성의 성적 활동은 성욕 외에 흥미·관심, 성에 대한 각성, 오르가슴, 만족감이 포함되는데, 그것이 서로 밀접하게 관련되어 증감하는 것입니다.

한편 폐경 전후 갱년기에는 노화에 따른 신체적 변화와 더불어 남편이나 자녀 등 가정 내 문제나 직장의 대인 관계 등 사회적 요인으로 스트레스를 받아 성욕이 저하될 수도 있습니다.

안정적인 가정환경에서는 성에 대한 흥미·관심이 높고, 성에 대한 각성이 생겨 오르가슴이나 만족감을 얻을 수 있으므로, 성욕이 한층 높아지는 선순환이 됩니다.

폐경 이후의 성행위는 생식을 목적으로 하는 것도 아니고, 성욕을 충족시킬 만한 충동적인 것도 아닙니다. 서로를 배려하고 교감하기 위한 신체 접촉이며 소통 수단인 것입니다(그림 A).

양방향 소통을 통해 여성의 노화에 따른 신체 상황이나 성에 대한 욕구를 서로 이해하고 만족감을 얻을 수 있는 양호한 관계성을 구축해나가는 것이 무엇보다 중요합니다.

우리가 함께 산 지도 참 오랜 세월이 지났네. 앞으로도 둘이서 오래 살자. 행복하게!

그래. 여보. 난 당신과 함께여서 행복해. 앞으로도 행복하게 잘 살자!

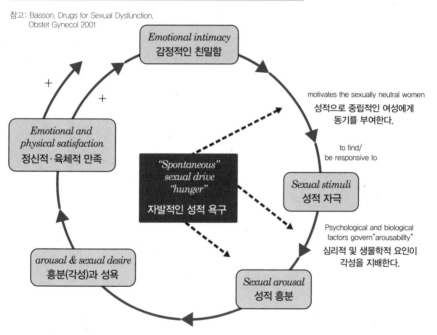

그림 A 친밀감과 성적 능력 등에 근거한 여성의 성 반응 주기

참고 : Basson, Drugs for Sexual Dysfunction, Obstet Gynecol 2001

Emotional intimacy
감정적인 친밀함

+
+

Emotional and physical satisfaction
정신적·육체적 만족

"Spontaneous" sexual drive "hunger"
자발적인 성적 욕구

motivates the sexually neutral women
성적으로 중립적인 여성에게 동기를 부여한다.

to find/ be responsive to

Sexual stimuli
성적 자극

Psychological and biological factors govern "arousabillty"
심리적 및 생물학적 요인이 각성을 지배한다.

arousal & sexual desire
흥분(각성)과 성욕

Sexual arousal
성적 흥분

여성에게는 각자 고유한 성적 스위치가 있어 호의를 보이는 파트너와 대화나 음악, 식사 등을 즐기는 과정에서 감정적 친밀감이 더욱 커진다.
그 결과 더욱 성적으로 자극되고, 흥분 정도도 올라가며, 성적 욕구도 높아진다.

폐경이 성욕에 어떤 영향을 미칠까?

노화와 알츠하이머병

by 편집부

"처음엔 사람 이름을 까먹고 그다음엔 사람 얼굴을 까먹어버리죠. 좀 더 지나면 지퍼 올리는 걸 까먹고, 그다음에는 지퍼 내리는 걸 까먹어요."

요즈음은 LA 다저스의 오타니 쇼헤이 선수가 일본뿐 아니라 미국 야구팬들을 사로잡고 있는데요. 그런 그가 태어나기 훨씬 전에 메이저 리그의 유명한 매니저였던 브랜치 리키(1881~1965년)가 한 말입니다.(『대단한 언어』, 하루야마 요이치, 문춘신서, 2004년).

브랜치 리키 씨는 미국의 야구인으로 메이저 리그 베이스볼에서 선수로 활약하다 후에 감독과 단장으로 일했는데요. 마이너 조직을 개혁하고 첫 아프리카계 미국인 야구 선수인 재키 로빈슨과 계약을 맺으면서 야구사에 이름을 남겼습니다.

그런 리키 씨가 남긴 말은 한바탕 웃게 만들지요. 그런데 곰곰이 생각하면 뇌가 녹스는 과정을 재미있게 표현한 것임을 알 수 있습니다.

'뇌가 녹슨다…' 삶의 비애를 느끼게 하는 말인데요. 하지만 우리가 언젠가는 거쳐 가야 하는 길일지도 모릅니다. 그중에서도 가장 무서운 것은 치매(인지증)입니다. 치매는 크게 알츠하이머병과 뇌혈관성 치매가 있는데, 둘 다 노화와 밀접한 관련이 있습니다.

'일본의 치매(인지증) 인구의 장래 추계에 관한 연구'에 따르면, 2020년 55세 이상 고령자의 치매 유병률은 그림과 같이 16.7%, 약 602만 명이라고 합니다. 55세 이상은 6명 중 1명이 치매에 걸린다고 추산한 것입니다. 게다가 절반 이상은 알츠하이머병이라고 합니다.

저에게도 50대 중반에 알츠하이머병을 앓기 시작한 친구가 있습니다. 원래 카메

라멘이었으나 후에 도쿄 아카사카에 작은 식당을 차렸는데, 음식 가격이 모두 500 엔이었습니다. '그런 가격으로 운영할 수 있을까?' 하고 걱정하고 있었는데, 사실은 알츠하이머병으로 돈 계산이 힘들어지자 거스름돈을 내주기 힘들지 않은 500엔으로 정해놓은 것이었습니다.

알츠하이머병은 진행성 치매로 뇌에 베타아밀로이드와 타우단백이 침착되면서 신경세포가 탈락하는 질환입니다. 원인을 알면 치료약도 개발할 수 있을 텐데, 현재로서는 초기 진행을 늦추는 약은 있어도 회복을 위한 치료제는 없습니다. 하지만 근본 치료제 개발을 목표로 연구자들은 지금도 도전하고 있다고 합니다. 하루빨리 치료제가 개발되기를 바랄 뿐입니다. 언젠가는 내 몸도 그렇게 될 수도 있을 테니까요.

● **치매 추정 인원과 미래 예측**

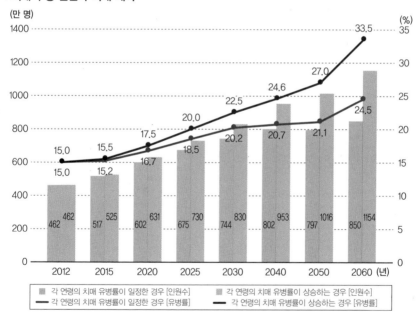

(만 명)

	각 연령의 치매 유병률이 일정한 경우 [인원수]	각 연령의 치매 유병률이 상승하는 경우 [인원수]
각 연령의 치매 유병률이 일정한 경우 [유병률]	각 연령의 치매 유병률이 상승하는 경우 [유병률]	

참고: 내각부 '2017년도판 고령사회백서'

36 남성 갱년기 증상에는 어떤 게 있을까?

노화와 남성 갱년기

"요즘 왠지 모르게 짜증 나고, 컨디션이 안 좋아. 나이 탓인가?"

"응? 사실 나도 그러는데. 쉬 피곤하고…"

중년 남성들이 흔히 나눌 만한 대화인데요. 어쩌면 이 사람들은 갱년기장애일지도 모릅니다.

갱년기장애는 일반적으로 여성호르몬 감소가 일으키는 다양한 증상을 가리키는데요. 45~55세 전후 폐경기 여성이 겪지만 사실 **남성에게도 갱년기장애가 있습니다.** **후천성 성선기능저하증 혹은 남성 성선기능저하증**(Late Onset Hypogonadism, LOH)**이라고 하는데, 남성호르몬 수치가 정상 이하로 떨어지고 균형이 깨져 생기는 것으로 알려져 있습니다.**

남성호르몬(테스토스테론)은 생식기능 향상, 남성다운 골격과 근육 형성, 정신의 안정화, 생활 습관병 예방 등 남성이 건강한 생활을 유지하는 데 필수적인 호르몬입니다. 하지만 **나이가 들면 남성호르몬은 서서히 분비량이 감소합니다**(그림 A). 감소 속도나 정도, 시기는 개인차가 크기 때문에 40대 이후에는 어느 연령대에서나 남성 갱년기장애가 생길 수 있고 언제까지나 증상이 지속될 수 있습니다. 또한 테스토스테론은 매우 민감해서 환경 변화나 심한 스트레스 등에도 급격하게 분비가 저하되기 때문에 30대에 후천성 성

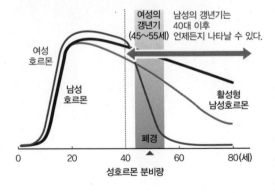

그림 A 노화에 따른 성호르몬 분비 변화

여성호르몬

남성호르몬

여성의 갱년기 (45~55세)

남성의 갱년기는 40대 이후 언제든지 나타날 수 있다.

활성형 남성호르몬

폐경

0   20   40   60   80(세)

성호르몬 분비량

선기능저하증 증상이 출현하는 경우도 있습니다.

남성 갱년기장애의 증상은 다양하지만, 크게 다음 세 가지로 나눌 수 있습니다.

①신체 증상: 피로감, 관절·근육통, 근력 저하, 화끈거림·발한, 두통, 어지러움·
이명, 빈뇨 등

②정신 증상: 불안·초조감, 짜증, 집중력이나 기억력 저하, 우울한 기분, 의욕
저하 등

③성 기능 증상: 성욕 감퇴, 아침 발기 횟수 감소, 발기 장애(ED) 등

최근 직장이나 가정에서 심한 스트레스를 받으며 사는 남성이 늘고 있습니다. 40대 이상의 남성 중 위에 열거한 증상에 여러 개 해당하면 의료 기관을 찾아가 상담해보는 것이 좋습니다(그림 B). 검사에서 남성호르몬 수치가 현저히 낮고 증상이 강한 경우

는 테스토스테론 보충요법을 시행하기도 하는데요. 의외로 **스트레스 체크, 생활 습관**(식사·운동·수면) **개선만으로 증상이 개선되기도 하고, 한약 등을 통한 신체 균형 조절만으로 증상이 호전**되기도 합니다.

중요한 것은 갱년기를 부정적으로 받아들여서는 안 된다는 것입니다. 남성 갱년기장애에 대해 '나이 탓이니 어쩔 수 없다…'라고 포기하지 말고, 건강하고 충실한 노후를 준비할 좋은 기회라고 긍정적으로 생각해보는 것은 어떨까요?

그림 B 후천성 성선기능저하증 셀프 체크

□ 1. 성욕이 저하하기 시작했다.
□ 2. 기운이 없어지기 시작했다.
□ 3. 체력 혹은 지속력이 떨어졌다.
□ 4. 키가 작아지기 시작했다.
□ 5. 하루를 사는 낙이 별로 없다.
□ 6. 화를 잘 내며 서글픔을 느낄 때가 많다.
□ 7. 발기력이 약해졌다.
□ 8. 운동 능력이 떨어졌다.
□ 9. 저녁 식사 후 선잠을 자는 일이 있다.
□ 10. 작업 능력이 떨어졌다.

질문 1 or 7에 체크
혹은
3개 이상 체크

LOH 증후군
의심 증상

그림 A, 그림 B 참고: http://www.j-endo.jp/modules/patient/index.php?
content_id=71

남성 갱년기 증상에는 어떤 게 있을까?

121

37 여성 갱년기 증상에는 어떤 게 있을까?

노화와 여성 갱년기

갱년기는 모든 여성에게 찾아오며, 예외는 없습니다.

여성의 평균 폐경 연령은 50~51세이지만 개인차가 커서 빠른 사람은 40대 초반에, 늦은 사람은 50대 후반에 폐경을 맞이하는데요. 폐경 전 5년과 폐경 후 5년을 합한 10년을 '갱년기'라고 합니다.

갱년기에 나타나는 다양한 증상 중 **기질적 변화, 즉 내과 질환이나 외과 질환에 기인하지 않는 증상**을 '갱년기 증상'이라고 하는데요. **갱년기 증상 중 일상생활에 지장을 주는 병태를 '갱년기장애'라고 정의합니다.** 하지만 갱년기장애에 대한 명확한 진단 기준이 있는 것은 아닙니다.

갱년기에는 홍조나 발한 등과 같은 **'혈관 운동에 따른 증상', '현기증', '가슴 두근거림', '흉부 압박감', '어깨 결림', '두통', '요통', '관절통', '저림', '냉증'이나 '피로감'** 등과 같은 신체 증상, **'눌리는 기분', '불안', '불면'** 등과 같은 신경 증상이 뒤섞여 나타납니다(그림 A).

갱년기가 되면 난소에 있는 난포의 수가 감소하면서 혈액 속의 에스트로겐 농도가 떨어집니다. 그러면 **난소에서 에스트로겐 분비를 촉진하는 난포자극호르몬이 상승하면서 일시적으로 에스트로겐이 대량 분비**됩니다. 이렇게 에스트로겐 농도의 심한 변동으로 내분비 변동이 크게 요동치는데요. 여기에 '나이에 따른 몸의 쇠약', '생육환경이나 성격 인자', '남편이나 자녀, 부모 돌봄 같은 가정 내 문제', '직장의 대인 관계' 같은 사회적 인자가 더해지면 갱년기 증상으로 나타나게 됩니다.

현재 갱년기를 맞은 여성 중에는 육아와 가정, 일을 양립시키고 사회적인 역할도 담당한 멀티태스킹 슈퍼우먼이 많습니다. 이 세대 여성 중에는 경력을 쌓아 커리어우먼으로 활약하는 고학력자도 많습니다. **갱년기장애는 호르몬 보충요법이나 한약재**

를 쓰면 극적으로 좋아질 수 있는데요. 운동 습관이나 인지 행동 요법도 갱년기장애에 효과적입니다.

갱년기장애로 어려움을 겪고 있다면 전문가의 도움을 받는 것도 좋은 방법이 될 수 있습니다. 적절한 치료를 받고 앞으로도 사회에서 더 많이 활약하기를 바랍니다.

남자에게도 갱년기가 있다니까 증상을 알아둬야겠네. 특히 여자에게는 배려가 중요할 것 같아.

그림 A는 의사 고야마 다카오와 아소 다케시가 고안한 간이 갱년기 지수(1992년). 갱년기 증상으로 어려움이 있는 분들은 직접 체크해보고, 50점이 넘는 경우는 산부인과 진료를 받아보는 것이 좋다. 증상이 심한 경우에는 갑상선 질환이나 류머티즘, 교원병, 심장 질환, 빈혈 등 내과 질환도 체크할 필요가 있다.

그림 A 간략 갱년기 지수(SMI)

증상의 정도에 따라 스스로 점수를 매기고, 그 합계점을 토대로 체크한다.

	증상	강	중	약	없음	점수
1	얼굴이 달아오른다.	10	6	3	0	
2	땀을 잘 흘린다.	10	6	3	0	
3	허리나 손발이 차갑다.	14	9	5	0	
4	숨이 차고 가슴이 두근거린다.	12	8	4	0	
5	잠이 잘 오지 않는다. 얕은 잠을 잔다.	14	9	5	0	
6	화를 잘 내며 조바심을 잘 낸다.	12	8	4	0	
7	끙끙 앓거나 우울해지기도 한다.	7	5	3	0	
8	두통, 어지러움, 메스꺼움을 자주 느낀다.	7	5	3	0	
9	쉽게 피로를 느낀다.	7	4	2	0	
10	어깨 결림, 요통, 손발 통증이 있다.	7	5	3	0	
	합계점					

0 ～ 25점 ······ 이상 없음
26 ～ 50점 ······ 식사와 운동에 신경 쓰기
51 ～ 65점 ······ 갱년기, 폐경 외래 진료
66 ～ 80점 ······ 장기간에 걸친 계획적인 치료
81 ～ 100점 ······ 각 과 정밀 검사, 장기·계획적 대응

참고: 고야마 다카오, 아소 다케시: 갱년기 부인의 한방치료 간략화된 갱년기 지수에 따른 평가. 산부인과 한방연구 경과(9:30-34, 1992)

칼럼

늘어나는 일본인의 평균수명, 하지만 사망의 정점은 다르다?

by 편집부

일본인의 평균수명은 얼마나 늘어났을까요? 먼저 70년 전의 고령자 평균수명부터 확인해보겠습니다.

1947년에는 평균수명이 남성 50.06세, 여성 53.96세밖에 되지 않았습니다. 그러던 평균수명이 1989년에는 남성 75.91세, 여성 81.77세로 늘어났고, 2021년에는 남성 81.47세, 여성 87.57세로 대폭 늘어났습니다.

그런데 평균수명이란 대체 무엇일까요? '평균수명'은 인간 이외의 동식물에게도 적용되는 생명표 혹은 사망생잔표의 개념이라고 합니다. 이것만으로는 의미가 명확하지 않습니다. 그래서인지 이런 부연 설명이 붙어있습니다. 예를 들어, 100만 명 단위의 각 연령층의 사망률이 앞으로도 계속될 것이라고 가정했을 때, 매년의 연령별 사망률에서 가설로 상정된 0세 아기의 평균여명이 몇 년이 될지 계산한 연수라는 것입니다. 쉽게 말하자면 한 사람 한 사람의 수명을 예측할 수는 없지만, 집단 내에서는 연령에 따른 평균 사망률이 일정한 법칙을 보인다는 것입니다.

수명이 늘어났다는 것은 기쁜 일입니다. 하지만 건강하고 자립적으로 살 수 있어야 늘어난 수명을 반길 수 있을 것입니다. 그런 의미에서 '평균수명의 추이'와 '건강수명의 추이' 데이터를 제시합니다. '데이터를 보면 이 책에서 보인 것처럼 '노화와 건강'을 의식하면서 몸 상태를 되돌아볼 수 있지 않을까?' 하는 생각이 듭니다.

두 데이터를 비교해보고 알게 된 것은 2019년 남성의 평균수명이 81.41세인 데 반해, 건강수명은 72.68세로 그 차이가 −8.73세나 된다는 사실입니다. 여성의 평균수명은 87.45세인 데 반해, 건강수명은 75.38세로 −12.7세나 차이가 납니다. 즉 건강하고 자립적으로 살 수 있는 나이는 평균적으로 남성은 73세 전후, 여성은 75세 정도라고 할 수 있습니다.

●일본인 평균수명 추이

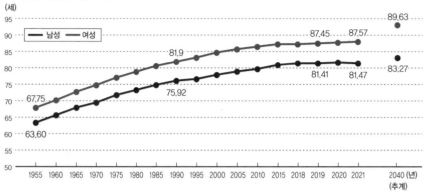

참고: 후생노동성 보건사회통계실 2021년 간이생명표 개편

●남녀의 건강수명 추이

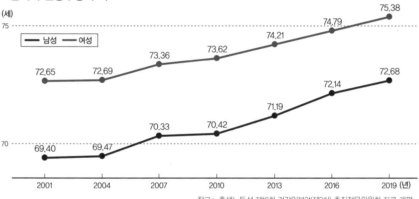

참고: 후생노동성 제16회 건강일본21(제2차) 추진전문위원회 자료 개편

●일본인 75세 평균여명 추이

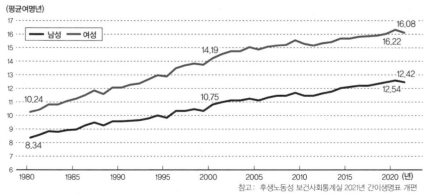

참고: 후생노동성 보건사회통계실 2021년 간이생명표 개편

그리고 이런 데이터에는 '독거노인'이 영향을 미치고 있습니다.

오래 살게 되면서 독거율이 해마다 늘고 있습니다. 전국 75세 이상 인구의 독거율(단독세대)은 2015년 20.6%, 2020년 21.1%, 2025년 12.6%, 2030년 22.0%, 2035년 22.5%, 2040년 22.9%(국립사회보장·인구문제연구소 인구구조연구부 데이터)로 추산됩니다. 데이터는 만 75세 이상의 고령자를 대상으로 했지만, 그렇게까지 고령은 아니더라도 혼자 사는 사람이 증가하고 있는 것은 사실입니다. 돌보는 사람이 없으면 건강을 관리하는 데 문제가 있을 수도 있습니다. 고령자는 돌봄 대상 후보자입니다. 독거노인이라면 더욱 돌봄이 필요하겠지요.

지금까지 평균수명과 건강수명을 살펴봤는데요. 분명 수명이 늘어난 데 따른 빛과 그림자가 있습니다. 그런데 빛 부분에서는 수명이 조금 더 늘어난다는 데이터가 있습니다.

75세 남성은 언뜻 보기에 '평균수명이 81.47세니 앞으로 6년 더 살 수 있지 않을까?'라고 생각할 수도 있습니다. 하지만 평균수명은 0세 아기가 살 수 있는 연수입니다. 따라서 수명의 실태는 평균여명으로 추측하는 편이 낫습니다. 그러면 남성 87.42세, 여성 91.08세가 되고, 남성은 평균수명 81.47세보다 5.95년, 여성은 평균수명 87.57세보다 3.51년 늘어납니다. 75세 고령자라면 남성은 평균수명보다 6년 정도 늘어나 12년 이상, 여성은 3년 이상 늘어나 16년 정도 되는 셈입니다.

이러한 데이터를 통해 자신의 남은 삶을 어느 정도 예측한다면 노후를 어떻게 보낼지 상상할 수 있을지도 모르겠습니다. 아무쪼록 건강하고 만족할 만한 노후를 생각했으면 좋겠습니다.

총감수

나가오카 이사오(長岡 功)

펑크셔널푸드학회 이사장

준텐도대학교 의료과학부 특임교수 / 동 대학원 의학연구과 생화학·생체시스템 의과학 명예교수

감수

노무라 요시히로(野村義宏)

담당 항목◎제2장 15·16·18·19·31, 칼럼 70p

펑크셔널푸드학회 부이사장

도쿄농공대학교 농학부 경단백질이용연구시설 교수

(이하 가나다 순)

고바야시 히로아키(小林裕章) 담당 항목◎제2장 34·36

제생회 요코하마시 동부병원 비뇨기과 의장 / 게이오기주쿠대학 의학부 비뇨기과학교실 방문연구원

기쿠다 슈(菊田 周) 담당 항목◎제2장 09·10

도쿄대병원 이비인후과 두경부외과 강사

기타자와 코지(北澤耕司) 담당 항목◎제2장 12

교토부립 의과대학 시각기능재생외과학 특임교수 / Buck Institute for Research on Aging 객원연구원

나카무라 히로시(中村 洋) 담당 항목◎제2장 27~30, 칼럼 100p·110p

펑크셔널푸드학회 부이사장

순화회 산노병원 류마티스과 부장

니시다 다카시(西田 崇) 담당 항목◎제2장 14

샌디에이고 캘리포니아 대학교 안과 객원 조교수

시미즈 다카히코(清水孝彦) 담당 항목◎제1장 01~10, 제2장 24, 칼럼 22p

펑크셔널푸드학회 이사

국립장수의료연구센터연구소 노화 스트레스 응답 연구프로젝트팀 프로젝트 리더

아라이 헤이이(新井平伊) 담당 항목◎제2장 22

알츠클리닉 도쿄 원장 / 준텐도대학교 의학부 정신의학 강좌 명예교수

오기시마 다이키(荻島大貴) 담당 항목◎제2장 35·37

준텐도대학교 의과대학 부속 네리마병원 진료과장 선임 준교수

오에 마사츠구(大江征嗣) 담당 항목◎제2장 07

구루메대학 의학부 내과 강좌 심장 혈관 내과 부문 조교수

오와다 아키히코(大和田明彦) 담당 항목◎제2장 02~06·08

오와다내과 호흡기내과 원장 / 준텐도대학교 호흡기내과 객원준교수

와쿠모토 요시아키(和久本芳彰) 담당 항목◎제2장 20·21

일본 사립학교 진흥·공제 사업단 도쿄 임해 병원 비뇨기과 부장 / 준텐도대학교 비뇨기과학 강좌 객원준교수

우시오 무네타카(牛尾宗貴) 담당 항목◎제2장 11·17

도호대학 의료센터 사쿠라병원 이비인후과 강사

이나다 마사키(稲田全規) 담당 항목◎제2장 01·25·26·32·33

펑크셔널푸드학회 이사

도쿄농공대학교 공학연구원 생명기능과학 부문 준교수

이노마타 다케노리(猪俣武範) 담당 항목◎제2장 13

준텐도대학교 의과대학 안과 강좌 준교수

이케다 히사오(池田久雄) 담당 항목◎제2장 23

펑크셔널푸드학회 이사

스기순환기과 내과병원 원장

잠 못들 정도로 재미있는 이야기
노화 - 건강하게 늙는 법

2024. 7. 3. 초 판 1쇄 인쇄
2024. 7. 10. 초 판 1쇄 발행

감 수 | 나가오카 이사오, 노무라 요시히로
옮긴이 | 김선숙
펴낸이 | 이종춘
펴낸곳 | [BM] ㈜도서출판 **성안당**
주소 | 04032 서울시 마포구 양화로 127 첨단빌딩 3층(출판기획 R&D 센터)
　　　| 10881 경기도 파주시 문발로 112 파주 출판 문화도시(제작 및 물류)
전화 | 02) 3142-0036
　　　| 031) 950-6300
팩스 | 031) 955-0510
등록 | 1973. 2. 1. 제406-2005-000046호
출판사 홈페이지 | www.cyber.co.kr
ISBN | 978-89-315-8645-9 (04080)
　　　 978-89-315-8889-7 (세트)
정가 | 9,800원

이 책을 만든 사람들
책임 | 최옥현
진행 | 김해영
교정 · 교열 | 김태희
본문 디자인 | 김인환
표지 디자인 | 박원석
홍보 | 김계향, 임진성, 김주승
국제부 | 이선민, 조혜란
마케팅 | 구본철, 차정욱, 오영일, 나진호, 강호묵
마케팅 지원 | 장상범
제작 | 김유석

"NEMURENAKUNARUHODO OMOSHIROI ZUKAI ROKA NO HANASHI"
supervised by Isao Nagaoka, Yoshihiro Nomura
Copyright © NIHONBUNGEISHA 2022

All rights reserved.
First published in Japan by NIHONBUNGEISHA Co., Ltd., Tokyo
This Korean edition is published by arrangement with NIHONBUNGEISHA Co., Ltd., Tokyo in care of Tuttle-Mori Agency, Inc., Tokyo, through Duran Kim Agency, Seoul.

Korean translation copyright © 2024 by Sung An Dang, Inc.